TUTORIA

A694t Argüís, Ricardo
　　　　　Tutoria: com a palavra, o aluno /
　　　　Ricardo Argüís ... [et al.]; trad. Fátima Murad. –
　　　　Porto Alegre : Artmed, 2002.

　　　　　1. Educação – Tutoria. I. Título.

　　　　　　　　　　CDU 37.043

Catalogação na publicação: Mônica Ballejo Canto – CRB 10/1023

ISBN 85-363-0066-3

TUTORIA
COM A PALAVRA, O ALUNO

Ricardo Argüís
Pere Arnaiz
Coral Báez
Miguel Ángel de Ben
Fernando Díaz Díaz
María Carmen Díez
Ascen Díez de Ulzurrun
Immaculada Dorio
Susagna Escardíbul
Julia Ferrero
Ramona González Soler
Margarita Gutiérrez Navarro
Teresa López de la Rica
M. Luz Lorenzo
Empar Martínez
Ignacio Martínez Perdiguero
Agustí Masegosa
Ángeles Medina
Conxa Montesinos
Andrés Negro Moncayo
Francesc Notó
Ana Novella
Josep M. Puig
Conxa Ricart
Marcel·la Senent
Auxilio Vicente

Tradução:
Fátima Murad

Consultoria, supervisão e revisão técnica desta edição:
Maria da Graça Horn
*Pedagoga. Doutoranda do Programa de Pós-Graduação
da Faculdade de UFRGS.*

Inovação
Pedagógica

2002

Obra originalmente publicada sob o título
La acción tutorial: el alumnado toma la palabra

© Editorial GRAÓ, 2001
ISBN 84-7827-257-7

Design de capa
Flávio Wild

Assistente de design
Gustavo Demarchi

Preparação do original
Luciane Corrêa Siqueira

Leitura final
Rubia Minozzo

Supervisão editorial
Mônica Ballejo Canto

Projeto gráfico e editoração eletrônica
Armazém Digital Editoração Eletrônica – rcmv

Reservados todos os direitos de publicação, em língua portuguesa, à
ARTMED® EDITORA S.A.
Av. Jerônimo de Ornelas, 670 – Santana
90040-340 Porto Alegre RS
Fone: (51) 3330-3444 Fax: (51) 3330-2378

SÃO PAULO
Av. Rebouças, 1073 – Jardins
05401-150 São Paulo SP
Fone: (11) 3062-3757 Fax: (11) 3062-2487

É proibida a duplicação ou reprodução deste volume, no todo ou em parte, sob quaisquer formas ou por quaisquer meios (eletrônico, mecânico, gravação, fotocópia, distribuição na *web* e outros), sem permissão expressa da Editora.

SAC 0800 703-3444

IMPRESSO NO BRASIL
PRINTED IN BRAZIL

Sobre os Autores

Ricardo Argüís
CPR de La Almunia de Doña Godina (Zaragoza)

Pere Arnaiz
Catedrático de Bacharelato

Coral Báez
IES Grande Covián. Arganda del Rey (Madri)

Miguel Ángel de Ben
Assessor de Educação Infantil do CEP de Alcalá de Guadaira. Sevilha

Fernando Díaz Díaz
Departamento de Orientação. Escola La Florida. Valência

María Carmen Díez
Escola Infantil Aire Libre. Alicante

Ascen Díez de Ulzurrun
Assessor psicopedagógico do EAP do Alt Penedès (Barcelona)

Immaculada Dorio Alcaraz
Professora da Faculdade de Formação de Professores da Universidade de Barcelona

Susagna Escardíbul
Universidade de Gerona

Julia Ferrero
Departamento de Orientação. Escola La Florida. Valência

Ramona González Soler
Professora da Faculdade de Formação de Professores da Universidade de Barcelona

Margarita Gutiérrez Navarro
Departamento de Orientação. Escola La Florida. Valência

Teresa López de la Rica
Departamento de Orientação. Escola La Florida. València

M. Luz Lorenzo
IB Txurdinaga. Bilbao

Empar Martínez
Departamento de Orientação. Escola La Florida. València

Ignacio Martínez Perdiguero
Departamento de Orientação. Escola La Florida. València

Agustí Masegosa
Assessor psicopedagógico do EAP do Alt Penedès (Barcelona)

Ángeles Medina
C.P. La Navata. Madri

Conxa Montesinos
Departamento de Orientação. Escola La Florida. València

Andrés Negro Moncayo
Departamento de Orientação. Escola La Florida. València

Francesc Notó
ICE da Universidade Autônoma de Barcelona

Ana Novella
Associación Club Sant Feliu Infantil y Juvenil Hospitalet de Llobregat (Barcelona)

Josep M. Puig
Universidade de Barcelona

Conxa Ricart
Departamento de Orientação. Escola La Florida. València

Marce·la Senent,
Departamento de Orientação. Escola La Florida. València

Auxilio Vicente
Departamento de Orientação. Escola La Florida. València

Sumário

Introdução 11
Francesc López Rodríguez

Capítulo 1   Fundamentação da tutoria 15
Pere Arnaiz

    Definição de tutoria 15
    O perfil do tutor 16
    Diferentes tipos de tutorias 18
    • A tutoria individual 18
    • A tutoria de grupo 18
    • A tutoria técnica 19
    • A tutoria da diversidade 19
    • A tutoria de prática profissional 19
    Finalidades da Ação Tutorial (AT) 20
    O Plano de Ação Tutorial (PAT) no marco do Projeto
       Educativo de Centro (PEC) 20
    O PAT no Projeto Curricular de Centro (PCC) 22
    Planejamento e programação do PAT 23
    Para continuar avançando 24

Capítulo 2   As assembléias de sala de aula ou
como fazer coisas com palavras 27
Josep M. Puig

    O que é uma assembléia? 28
    A participação no trabalho escolar, a convivência
       e a animação 29
    Funções das assembléias 30
    Comunidade democrática e aprendizagem da cidadania 31
    A palavra como experiência e compromisso 33

Capítulo 3 A ação tutorial para atender a
diversidade dos alunos 35
Francesc Notó

Descrição de uma experiência 38

Educação infantil

Capítulo 4 A assembléia na educação infantil 49
Miguel Ángel de Ben

    Objetivos e conteúdos 50
    • Quanto à dinâmica de grupo 50
    • Quanto a outros conteúdos específicos dos três
      âmbitos de conhecimentos e experiências 52
    Mecanismos úteis para conduzir a dinâmica 55
    • A vez de falar 55
    • O respeito à diversidade 56
    • O tempo de duração 56

Capítulo 5 O acolhimento da criança na escola.
Planejamento da ação tutorial na educação infantil 59
Ramona González Soler e Immaculada Dorio

    Planejamento da ação tutorial 61
    • Primeira fase: fase pré-ativa 61
    • Segunda fase: fase ativa 61
    Núcleos de atividades em educação infantil 62
    Proposta de atividade de ação tutorial 63

Capítulo 6 Juntar-se para falar 67
María Carmen Díez

    Alguns "momentos de debate" 71

Ensino fundamental

Capítulo 7 A dinâmica de grupos na ação tutorial 77
Ascen Díez de Ulzurrun e Agustí Masegosa

    Plano de trabalho 79
    Atividades 80
    • "Verde, amarelo e vermelho" 80
    • "O semáforo" 83
    • "A dança" 84

Capítulo 8 As assembléias no ensino fundamental 87
Susagna Escardíbul e Ana Novella

    A assembléia como instrumento 87
    Componentes formadores da assembléia 88
    • Construção e reconhecimento do valor da coletividade 88
    • Análise e compreensão do ambiente pessoal e social 88
    • Aquisição de habilidades para o diálogo 88
    Quais os temas abordados nas assembléias do ensino fundamental? .. 89
    • Temas de trabalho escolar 89
    • Temas de organização de atividades 89
    • Temas de convivência 90
    • Temas informativos 90
    Mecanismos para o bom funcionamento da assembléia 91
    • Os rituais na assembléia 91
    • O comando da assembléia 91
    • Mecanismos de comunicação e de memória 91
    Partes da assembléia 92
    • Antes 93
    • Durante 94
    • Depois 95

Capítulo 9 Se os alunos tomassem a palavra 97
Ángeles Medina

    Alguns traços da sociedade pós-moderna e
    sua repercussão nas salas de aula 97
    O que podemos fazer? Algumas propostas 100
    • Os alunos decidem como organizar sua sala de aula 100
    • Os alunos fazem perguntas e buscam respostas 106
    Para finalizar 106

Capítulo 10 O desenvolvimento da ação
tutorial em um Colégio Rural Agrupado 109
Ricardo Argüís

    Contexto da experiência 110
    Desenvolvimento da ação tutorial na escola 110
    • Auto-estima, habilidades sociais e resolução de conflitos .. 111
    • Estratégias de aprendizagem 112
    • Integração com as famílias 113
    Conclusão 113

Ensino médio

Capítulo 11 A tutoria: experiência de uma
escola de ensino médio 119
Conxa Montesinos, Empar Martínez, Marcel·la Senent e Conxa Ricart

    Estrutura organizacional e participativa da escola 120
    A tutoria no âmbito do PEC 121
    A tutoria e o PCC: concretização na prática educativa 122
    • Estrutura funcional: o que é a tutoria para nós 122
    • Eixos temáticos comuns 124
    • A realidade: situação, necessidades e tarefas 124
    Concretizamos o plano de ação tutorial 125
    Exemplificação 127

Capítulo 12 Projeto experimental de tutoria
personalizada: uma resposta à avaliação
das tutorias no ensino médio 131
Coral Báez, Fernando Díaz Díaz, Julia Ferrero, Margarita Gutiérrez
Navarro, Teresa López de la Rica, Ignacio Martínez Perdiguero,
Andrés Negro Moncayo e Auxilio Vicente

    Descrição geral do projeto 132
    • Aspectos organizacionais 133
    • Procedimento de intervenção 134
    • Avaliação do projeto 134
    Resultados da experiência e conclusões 137

Capítulo 13 Tutoria, clima e condutas aceitáveis
na escola: como abordar isso? 141
M. Luz Lorenzo

    Como enfocamos os aspectos formais 141
    Experiência em si 143
    • Atividade 1: Auto-estima 143
    • Atividade 2: Análise da dinâmica da sala de aula 143
    • Atividade 3: Festas 145
    • Atividade 4: Habilidades sociais e análise de
      novas situações de sala de aula 146
    • Atividade 5: Debates com conteúdo.
      Educação para a saúde 147
    • Atividade 6: Introdução à análise de pressão de grupo 147
    • Atividade 7: Fazemos jogos que denomino
      de amizade gratuita 147
    Conclusão 148

Introdução
Francesc López Rodríguez

Uma sociedade é democrática quando os indivíduos que a formam podem atuar e decidir em liberdade sobre o modelo social e político que mais lhes convém, respeitando tanto os interesses pessoais de cada um como indivíduo quanto os do grupo social. Viver em democracia significa ter e exercer esses direitos, assim como cumprir responsavelmente e em liberdade as obrigações individuais e de grupo. Atuar democraticamente, respeitar e ser respeitado, argumentar, tomar a palavra, atuar assertivamente, reclamar o que é justo, cumprir as obrigações... tudo isso se aprende e, visto que se aprende, tem de se ensinar. Além disso, se uma das funções da instituição educacional é educar os indivíduos e formar futuros adultos que devem comportar-se de maneira responsável, autônoma e democrática, é lógico que na escola articulem-se mecanismos e estruturas que tornem isso possível. Nisso reside, a meu ver, uma das razões fundamentais da importância da existência da tutoria nas classes.

Como veremos nos textos selecionados, há semânticas diferentes no tratamento da tutoria, mas todas coincidem em que há dois aspectos básicos:

- A tutoria como espaço educativo no qual se aprende a conviver em sociedade, sendo a palavra a ferramenta fundamental.
- A figura do tutor.

Em princípio, parece lógico que o responsável por realizar a tutoria seja o tutor, e concordamos quanto ao sentido técnico do termo, mas a tutoria, tal como a defendemos aqui, vai além de exercitar determinadas técnicas, de implementar materiais específicos ou de programar atividades concretas, coisas que, embora necessárias, não são o essencial.

De que adianta o tutor falar do respeito aos mais velhos no grupo de tutoria se há professores que não respeitam os alunos? De que vale um tutor insistir no conceito de colaboração quando se percebe que alguns professores da mesma área de ensino agem cada um por si? Os comportamentos podem ser ensinados, mas, se não forem "vividos", dificilmente serão aprendidos. Nesse mesmo sentido, pensamos que a tutoria não é uma questão que se deva ter presente em uma etapa determinada. É um erro pensar que "se ensina a ser a partir de uma determinada idade" ou, ao contrário, "o que não se fez até agora, dificilmente se aprenderá". A tutoria deve ser um compromisso de todos os professores, independente de terem ou não esse cargo, da mesma maneira que o conteúdo da tutoria deve impregnar a vida cotidiana da escola.

Uma vez conceituada a tutoria, podemos definir de que forma vamos organizá-la em termos de estrutura, que conteúdos específicos devemos trabalhar conforme a idade dos alunos e qual é o momento mais oportuno para implementá-la.

Para isso, selecionamos uma série de textos que ilustram o modo como algumas escolas encaram a ação tutorial, os âmbitos que a definem, as expectativas depositadas nela e algumas técnicas utilizadas. Veremos que algumas vezes se fala de assembléia (termo e prática muito difundidos nos anos 70 e 80) como sinônimo de dinâmica tutorial, outras vezes como espaço de debate. Mas sempre como espaço educativo de participação dos alunos, base de toda ação tutorial.

No primeiro capítulo, Pere Arnaiz, autor prolixo em temas de tutoria, apresenta-nos uma visão conceitual e extensamente documentada da fundamentação da ação tutorial, sobretudo no ensino médio. Ele define a tutoria, o papel do tutor e os diferentes tipos de tutoria. No capítulo que se segue a ele, apresenta-se uma visão ampla do conceito de assembléia, tal como o esboçamos na primeira parte desta introdução. Como diz o próprio autor, Josep M. Puig, ao lermos seu capítulo encontraremos uma defesa das assembléias de sala de aula.

No capítulo seguinte, Notó, concordando em alguns aspectos com Arnaiz, alerta-nos sobre os perigos que comporta uma conceituação da tutoria que poderíamos denominar *na baixa*. Isto é, a tutoria, assim como o papel do tutor, é algo tão importante que nem se pode deixar à improvisação, nem se pode desvincular da ação institucional. Também enfoca a ação tutorial como uma estratégia para atender a diversidade e, para isso, ilustra com uma experiência do IES Banús de Cerdanyola (Barcelona).

O bloco da educação infantil é aberto com um texto de Miguel Ángel de Ben, que descreve, com uma proposta muito interessante, a relação da assembléia – enfocada como um recurso metodológico – com os âmbitos de conhecimento do currículo. Segue-se a ele um artigo de Gonzáles e Dorio, que também enfocam a ação tutorial incorporada ao currículo e, para explicar isso, elegem uma das fases da tutoria, o acolhimento dos alunos na nova etapa, considerando que esse é um momento crítico na vida das crianças como novos alunos, e a vinculação dos pais com a escola. Após temos um capítulo de Mária Carmen Díez que, usando a parábola do porco-espinho, enfoca a necessidade de criar os momentos e os espaços para a comunicação entre iguais, para promover as relações interpessoais dos alunos entre si e deles com o professor, assim como a estratégia para conformar uma moral mais autônoma nas crianças.

No primeiro capítulo do bloco do ensino fundamental, os autores expõem a necessidade de criar e estimular a consciência de grupo em contraposição ao individualismo no e do grupo. Para isso, propõem, a título de exemplo, atividades que partem do autoconhecimento para chegar ao respeito à maneira de ser do colega, de modo a ir formando essa consciência de grupo. No capítulo seguinte, as autoras partem da concepção da assembléia como instrumento educativo fazendo uma análise sistemática e pormenorizada desta, na qual mostram desde a sua finalidade até as fases de seu desenvolvimento, desde os temas que serão tratados até o modo de implementá-la. No capítulo seguinte, Ángeles Medina faz uma análise da sociedade no final do século XX e da repercussão na instituição educacional, a fim propor-nos um rearmamento ideológico, mediante a palavra, para que possamos proporcionar aos alunos bases críticas e solidárias. Para ilustrar isso, ele elege duas experiências com alunos do ensino fundamental.

Na continuação, temos um capítulo de Ricardo Argüís, no qual descreve a experiência de um plano de ação tutorial em um colégio rural agrupado. Nele, entende-se que a ação tutorial impregna toda a atividade educativa e, por conseguinte, envolve todos os professores, isto é, vai além da ação pontual do tutor em uma hora determinada de um dia concreto. Logo, para implementá-la de maneira sistemática, estruturaram-na em três âmbitos: o familiar, o dos professores e o dos alunos.

Iniciamos o bloco do ensino médio com o capítulo "A tutoria: experiência de uma escola de ensino médio", muito interessante por duas razões básicas: de um lado, pela forma como se estrutura a ação tutorial em uma escola complexa por sua dimensão e, de outro lado, por sua vinculação com os documentos de gestão e organização da escola, como o *Projeto Educativo* e o *Projeto Curricular*. No capítulo que apresentamos em seguida, aborda-se, em forma de projeto experimental, uma modalidade de tutoria que algumas escolas já utilizam; trata-se da combinação da tutoria de grupo com a tutoria individualizada – no capítulo, personalizada –, no sentido de que um professor de qualquer das áreas encarrega-se do acompanhamento pessoal, acadêmico e de orientação de um grupo reduzido de alunos. É uma modalidade interessante que tem seus custos (organizacionais) e que produz resultados altamente satisfatórios.

No último capítulo, M. Luz Lorenzo aborda um aspecto importante do âmbito da tutoria, o das relações interpessoais e do clima afetivo da sala de aula. Mediante uma reflexão inicial, abre caminho à explicação de atividades planejadas para esse fim e que podem ser uma amostra da potencialidade desse âmbito da tutoria, desde que sejam organizadas de maneira sistemática e se tenha clareza sobre a finalidade de tais atividades.

1

Fundamentação da Tutoria

Pere Arnaiz

Neste primeiro capítulo sobre tutoria, tentaremos fixar os critérios iniciais que expliquem e justifiquem os princípios teóricos e práticos da ação tutorial. O mesmo não é resultado de especulação; baseia-se no conhecimento sobre a orientação e a tutoria atualizado durante a última década.

O conteúdo do capítulo responde às seguintes questões: Existe uma definição de tutoria? Qual é o perfil do tutor? Existem diferentes tipos de tutoria? Qual é a tripla finalidade da Ação Tutorial (AT)? Que relação existe entre a AT e o Projeto Educativo de Centro[*] (PEC)? E entre a AT e o formato curricular? Como organizar as tutorias?

DEFINIÇÃO DA TUTORIA

Há diversas definições para "tutoria" e "tutor". O dicionário de língua define o tutor como um conselheiro ou guia de outro a quem serve de apoio. A. Lázaro e J. Asensi[1] reúnem diferentes definições: "É um professor (...) que se encarrega de atender diversos aspectos que não são suficientemente tratados nas aulas" (Artigot). "Tutor é o professor, o educador integral de um grupo de alunos" (Benavent). "Pessoa que aconselha em tudo o que se refere à educação" (Schamalfus). "A tutoria é uma atividade inerente à função do pro-

---

Artigo publicado em *Aula de Innovación Educativa*, n. 26, p. 47-51, mayo 1994.
[*]N. de R.T. Centro, no sistema educacional espanhol, significa escola.

fessor, que se realiza individual e coletivamente com os alunos de uma sala de aula, a fim de facilitar a integração pessoal nos processos de aprendizagem" (Lázaro e Asensi). "A tutoria é a ação de ajuda ou orientação ao aluno que o professor pode realizar além de sua própria ação docente e paralelamente a ela" (S. Sánchez).

Tutoria e ação tutorial são dois conceitos complementares que significam o conjunto das atuações de orientação pessoal, acadêmica e profissional formulado pelos professores com a colaboração dos alunos e da própria instituição. O Departamento de Ensino do Governo da Catalunha,[2] em um documento de julho de 1993, afirma que a AT é o conjunto das atividades que comprometem a atuação de todos e de cada um dos professores da escola, enquanto exercem sua função como professores. C. Lladó[3] define a AT como uma ação educativa dirigida aos alunos com a finalidade de otimizar seu desenvolvimento.

O PERFIL DO TUTOR

A construção de cada ser humano, de cada professor e de cada aluno requer um grande esforço; não é obra de um dia, é um trabalho interativo entre todos. Existe o perigo de traçar um perfil tão perfeito que seja irrealizável ou que pareça tão irrealizável aos professores-tutores que eles desistam no primeiro momento. O perfil tem de ajustar-se a dois parâmetros: o que faz referência aos fatores de seu desenvolvimento pessoal e o que se refere às atuações do professor-tutor como profissional do ensino. A auto-estima e a percepção positiva pessoal dos alunos e das relações humanas empáticas são necessárias para o crescimento e o desenvolvimento de si mesmo. Não podemos assegurar uma ajuda interna ao aluno quando nós estamos debilitados.

Carl R. Rogers[4] nos proporciona alguns ensinamentos significativos que nos ajudarão a crescer como pessoas desde que sejamos capazes de entender que tal processo é aperfeiçoável:

> Em minha relação com as outras pessoas, aprendi que não me ajuda em nada comportar-me como se eu fosse diferente do que sou. Sou mais eficiente quando consigo ouvir-me com tolerância e ser eu mesmo. Descobri o enorme valor de permitir-me compreender outra pessoa. Descobri que, abrir canais por meio dos quais os demais possam comunicar seus sentimentos, seu mundo perceptivo

privado, me enriquece. Foi gratificante para mim, em grande medida, o fato de poder aceitar o outro. Quanto mais me abro para as minhas realidades e as da outra pessoa, menos "desejo regular as coisas". A teoria rogeriana me parece exemplar e adequada para a análise que estamos realizando.

Redigem-se listas de tudo o que o tutor tem de fazer. Quando uma pessoa se coloca a distância, com a perspectiva do tempo e do espaço, é normal que lhe venham à mente expressões como: "Eu não sirvo para tutorar meus alunos", "Sou professor de história e não estudei psicopedagogia", "Se tiver de fazer tudo isso...", "Prefiro uma tutoria técnica". Isso acontece porque detrás dessa aparente inaptidão pessoal ou falta de preparo subjaz um certo medo de não saber fazer e de muito trabalho, pouco ou nada valorizado. A profissão do tutor é inerente à do professor. A LOGSE (Lei Orgânica Geral do Sistema Educativo Espanhol), no artigo 60, afirma:

> A tutoria e a orientação dos alunos farão parte da função docente. Cabe às escolas a coordenação dessas atividades. Cada grupo de alunos terá um professor-tutor.[5]

Sintetizamos a tarefa do professor-tutor como profissional do ensino segundo P. Arnaiz e outros:[6] o tutor é um orientador da aprendizagem, dinamizador da via socioafetiva da sala de aula e orientador pessoal, escolar e profissional dos alunos.

Encontramos escritas as qualidades que um tutor precisa ter. Fizemos uma sondagem sobre alunos de ensino médio e observamos características comuns entre os autores Baihy, Artigot, González Simancas, Río Rovira, Benavent, etc. Roman e Pastor[7] fazem três distinções:

- As qualidades humanas (o ser do tutor). A empatia, a maturidade intelectual-volitiva e afetiva, a sociabilidade, a responsabilidade e a capacidade de aceitação.
- As qualidades científicas (o saber). Conhecimento da maneira de ser do aluno, conhecimento dos elementos pedagógicos para conhecer e ajudar o aluno.
- As qualidades técnicas (o saber fazer). Trabalhar com eficácia e em equipe, participando de projetos e programas definidos em comum acordo para a formação dos alunos.

Ninguém melhor do que o próprio C. R. Rogers[8] para nos explicar o processo de mudança que ocorre no aluno:

> Se posso criar uma relação que, de minha parte, caracterize-se por autenticidade e transparência e na qual eu possa viver meus próprios sentimentos, uma calorosa aceitação e valorização da outra pessoa como um indivíduo diferente e uma sensível capacidade de ver meu aluno como ele se vê e se percebe com seus próprios olhos, *então*, o outro indivíduo experimentará e compreenderá aspectos de si mesmo antes reprimidos; conseguirá uma integração pessoal cada vez maior e será capaz de funcionar com eficácia irá parecer-se cada vez mais com a pessoa que queria ser irá tornar-se mais pessoal, original e expressivo; poderá aceitar melhor os outros e poderá enfrentar os problemas da vida de uma maneira mais fácil e adequada.

DIFERENTES TIPOS DE TUTORIAS

O tema da tutoria nas escolas vai adquirindo, a cada dia, maior significado. Os termos "tutor" e "tutoria" correm o risco de ser desvirtuados se não precisarmos seu significado.

A tutoria individual

Entendemos como tal a ação do professor-tutor com o aluno, considerando neste último suas qualidades, seus êxitos e seus fracassos, sua maneira de ser e de atuar. Na tutoria individual, o professor-tutor deve pretender: conhecer a situação de cada aluno, ajudá-lo pessoalmente, orientá-lo no planejamento e na execução de suas tarefas escolares, orientá-lo na escolha de estudos e profissões de acordo com seus interesses e capacidades. Um dos aspectos mais valiosos da tutoria individual é a auto-estima, a visão positiva que o aluno tem de si mesmo. O adolescente com auto-estima[9] atua de forma independente, assume suas responsabilidades, enfrenta novos desafios com entusiasmo, tem orgulho de seus êxitos, demonstra suas emoções, tolera bem a frustração e se sente capaz de influenciar os outros.

A tutoria de grupo

Refere-se à atuação do tutor em um grupo de alunos, geralmente a sala de aula. O tutor ajudará os alunos na orientação do currículo e na participação ativa na vida da escola. Colaborará com os professores que intervêm no grupo de alunos e proporcionará a cada um dos professores do grupo a informação necessária sobre cada aluno e grupo. Veiculará a troca de informação entre os pais e a escola e favorecerá a participação dos pais nos processos de decisão do aluno.

A tutoria técnica

Refere-se à responsabilidade que a direção atribui a professores que não foram designados como tutores de um grupo de alunos. Entre as tutorias técnicas podem figurar a coordenação das experiências pedagógicas e didáticas; as atividades de formação permanente o reforço dos planos de ação tutorial que se aplicam nas escolas; a organização e a manutenção dos laboratórios, da biblioteca, dos audiovisuais, etc.

A tutoria da diversidade

Supõe que o tutor leve em conta, em uma aprendizagem compreensiva, que não existe uma pedagogia do aluno médio ou do aluno-padrão, mas de cada aluno, com capacidades e ritmos de aprendizagem determinados. A tutoria da diversidade enfatiza os dispositivos de comunicação e de métodos pedagógicos e as ajudas e métodos de aprofundamento. A tutoria da diversidade é um dos grandes desafios pedagógicos de uma sociedade como a nossa que também se mostra plural.

A tutoria de prática profissional

É, normalmente, orientada para cada ramo da formação profissional de ensino médio. O tutor de prática profissional é responsável pelo controle e acompanhamento da prática nas empresas em regime de convênio. Este tipo de tutoria implica responsabilidades por parte da escola e da empresa. Não podemos esquecer o caráter profissionalizante que todo currículo deve ter, desde o ensino fundamental até o superior.

Essas cinco tipologias adaptam-se melhor (mas não exclusivamente) ao ensino médio. A tutoria no ensino fundamental é assumida, em sua maior parte, pelo professor-tutor.

FINALIDADES DA AÇÃO TUTORIAL (AT)

Muitos autores coincidem nas três dimensões da AT: a pessoal, a escolar e a profissionalizante (S. Sánchez, M. Álvarez, Mª Luisa Rodríguez, P. Cailly, A. Newsome, R. H. Knapp, Fdez. Torres).[10] Inspiramo-nos no desenvolvimento do ponto 4 da descrição feita pelo IES de Badalona 7 da província de Barcelona[11]. Os três principais objetivos da AT são:

1. A *orientação pessoal*. Tem como finalidade proporcionar ao aluno uma formação integral, facilitando-lhe seu autoconhecimento, sua adaptação e a tomada de decisões refletida.
2. A *orientação acadêmica*. O tutor ajudará o aluno a superar as dificuldades relacionadas com os hábitos e as metodologias de estudo e com sua integração na sala de aula. No caso do IES que experimenta a Reforma Educativa, a ajuda acadêmica aos alunos consistirá na escolha de créditos variáveis para que seu currículo seja equilibrado e adaptado às suas necessidades e aptidões.
3. A *orientação profissional*. Pretende que o aluno consiga fazer uma escolha profissional e acadêmica de acordo com sua personalidade, suas aptidões e seus interesses. O tutor ajudará o aluno a se conhecer a si mesmo e a informar-se sobre os créditos e estudos existentes relacionados com o mundo profissional.

Esses objetivos têm de ser fundamentados em situações concretas. Estas é que obrigarão as escolas, as equipes de professores e os tutores a buscarem recursos e estratégias para traçarem o planejamento e a organização da AT em cada curso.

O PLANO DE AÇÃO TUTORIAL (PAT) NO MARCO DO PROJETO EDUCATIVO DE CENTRO* (PEC)

A instituição educacional é uma rede de relações entre os diferentes membros que a compõem. Trata-se de uma realidade viva e dialética em que cada um desempenha um papel e assume responsabilidades.

---

*N. de R.T. Centro, no sistema educacional brasileiro, corresponde a escola.

O projeto educativo da escola, a programação anual da escola, o regimento escolar, o orçamento, a exposição de motivos e o projeto curricular de cada instituição devem ser os instrumentos-chave, os eixos que orientam a intervenção educacional institucional[12].

Nesse sentido, devem-se ter presentes tanto os aspectos legais – a situação socioeconômica e cultural da comunidade, do bairro ou da população – como a tipologia escolar e os indicadores da estrutura e do funcionamento.

O PEC é um instrumento para a gestão da escola. A escola, em sua programação anual, é que fixará as normas de caráter geral ou autônomo. A relação que existe entre o PEC e o PAT manifesta-se no conjunto de atuações dos professores e requer um trabalho em equipe. Os professores organizados como equipes de trabalho e como departamentos definirão, em comum acordo, o programa tutorial de atividades.

O PEC, como instrumento de gestão, e a direção e da coordenação, na sua concretização, devem estipular os temas de estudo, sua análise e o planejamento anuais, tais como:

- A criação e a organização do departamento psicopedagógico.
- A utilização dos instrumentos e dos materiais de apoio à AT.
- A presença de equipes específicas, de caráter interdisciplinar, os departamentos docentes ...
- A organização do tempo dedicado à aplicação dos programas específicos em torno de temas de orientação pessoal, escolar e profissional.
- O tratamento da diversidade.
- A programação da AT.
- A avaliação das aprendizagens.
- A relação existente entre o PEC e o PAT.

Na 25ª Escola de Verão* de 1990, do Governo da Catalunha, afirmou-se que:

> A elaboração do projeto da escola é um processo que é fruto do trabalho e do debate coletivo, e não da redação burocrática de um

---

*N. de R.T. Escolas de verão são atividades organizadas pelos governos municipais, durante as férias escolares, para alunos que necessitam de atendimento neste período.

documento. É um processo de sistematização e de formulação escrita daquilo que já é uma prática comum da escola. É um processo que tem de ir gerando consenso e acordo mediante o conflito e a negociação dinâmica. O mais importante é criar a dinâmica de elaboração de consenso e de reflexão comum sobre os problemas e o projeto de trabalho educativo. Esse processo necessita de um estímulo interno e externo e de condições que o facilitem.

O PAT NO PROJETO CURRICULAR DE CENTRO (PCC)

Nunca se escreveu tanto sobre o currículo como nesses 10 ou 15 anos. Tratamos de relacionar brevemente tutoria e currículo.

O conjunto das matérias que um aluno cursa ao longo de todo o processo de aprendizagem é o que chamamos de currículo. A concepção compreensiva da escola integra a diversidade de alunos e os diferentes interesses, capacidades e ritmos de aprendizagem.

Diferenciamos o currículo comum (formado pelo conjunto de conhecimentos, habilidades e estratégias que o aluno tem de assimilar) do currículo diferenciado (os créditos variáveis relativos às diversas áreas do currículo comum, tendo presente a diversidade de interesses, capacidades e ritmos de aprendizagem).[13]

É nessa concepção curricular que a tutoria desempenha um papel importante. A orientação dos alunos torna-se mais necessária quando as trajetórias curriculares são diversas. Ajudar o aluno para que ele saiba informar-se, para que saiba o que realmente quer e as possibilidades de que dispõe é tarefa do professor-tutor; a equipe de professores, a instituição escolar e a família têm de facilitar a tarefa. A partir da ação tutorial, podem-se proporcionar meios e recursos, programar os planos de ação, conversar com o aluno para conhecer sua situação acadêmica, organizar sessões de orientação profissional, preparar reuniões sobre a tomada de decisões, contatar especialistas que lancem luz sobre o tema de seus interesses, aplicar programas formadores aos diferentes grupos de alunos, considerar de maneira sistemática a atenção à diversidade de situações, etc. Tudo isso é possível se a escola, como instituição, conta com uma excelente coordenação pedagógica e utiliza o potencial humano e profissional de professores, alunos e pais.

Feitas essas considerações, a AT encontra seu pleno sentido no desenvolvimento curricular. A formação do aluno é globalizada, e todo professor torna-se orientador permanente de seus alunos.

PLANEJAMENTO E PROGRAMAÇÃO DO PAT

Afirmamos, em princípio, que a AT deve ter um tratamento similar ao que atribuímos à programação das matérias de aprendizagem, com as devidas ressalvas.

Seguindo as diretrizes do plano curricular aplicado à tutoria e levando em conta as finalidades do sistema educacional, distinguiremos três níveis de concretização do PAT:

1. *Primeiro nível de concretização.* Faz referência aos objetivos gerais do ensino fundamental e médio aplicados a uma escola concreta, aos blocos de conteúdos próprios da AT, podendo ter relação direta com os diferentes materiais e com as orientações didáticas das atuações concretas na sala de aula.
   Como exemplo dos possíveis blocos de conteúdo para o ensino médio, temos aqueles que foram aplicados durante uma década, 1983-1984/1993-1994. A relação de blocos compreende as técnicas de estudo, a dinâmica da sala de aula, os elementos socioafetivos, a orientação escolar e profissional e a integração dos alunos na escola.
2. *Segundo nível de concretização.* Refere-se ao planejamento e à programação dos diferentes blocos, seguindo o critério estrutural do currículo: procedimentos/conceitos e sistemas conceituais/atitudes, valores e normas. É tarefa das equipes de coordenação e de tutoria programar as seções trimestrais, mensais e/ou semanais, estabelecendo critérios de seqüência lógica e psicológica.
   Tomamos o exemplo do colégio San Miguel, de Vic (Barcelona), que, de maneira sintética, relaciona as variáveis-títulos (referindo-se a três categorias) e as sessões (referindo-se à seqüência trimestral) da tutoria (ver Quadro 1.1).
3. *Terceiro nível de concretização.* Especifica as unidades elementares de conteúdos. É a sessão concreta e específica da tutoria na qual se aplicam os objetivos didáticos, os conteúdos e as atividades previamente fixados. O professor-tutor estará com seus alunos para abordar um dos temas programados (segundo nível) ou algum outro tema proposto pelo grupo, por um aluno, pelo próprio tutor, pela junta de delegados, etc. As sessões de tutoria não

Quadro 1.1

Sessões/Títulos	Socialização	Planejamento	Avaliação
1º Trimestre	5	4	5
2º Trimestre	5	4	4
3º Trimestre	3	2	5
Total	13	10	14

podem ser uma camisa-de-força; o tutor tem de se sentir à vontade para que a tutoria transcorra com fluidez e eficácia. As sessões têm de ser preparadas e deve existir um equilíbrio entre planejamento e espontaneidade.

PARA CONTINUAR AVANÇANDO

Esta reflexão sobre a fundamentação da tutoria é apenas uma aproximação de questões fundamentais. O professor-tutor, o aluno e a comunidade educacional dinâmica foram e continuarão sendo os eixos que justificam a existência das escolas. Devemos saber diferenciar, em nossa ação educativa, o essencial do anedótico e conjuntural. A tutoria não é um sucedâneo.

NOTAS

1. LÁZARO, A.; ASENSI, J. (1989): *Manual de orientación escolar y tutoría.* Madrid. Narcea.
2. DEPARTAMENT D'ENSENYAMENT (1993): *Document d'acció tutorial als ensenyaments secundaris.* Barcelona. Generalitat de Catalunya.
3. DEPARTAMENT D'ENSENYAMENT (1992): *Butlletí dels mestres,* 231, 12. Barcelona. Generalitat de Catalunya.
4. ROGERS, C. (1961): *El proceso de convertirse en persona.* Buenos Aires. Paidós.
5. LOGSE. Artículo 60.
6. ARNAIZ, P. y cols. (1985): *Eines per a l'acció tutorial.* Barcelona. Ceac.
7. ROMAN-PASTOR (1979): *La tutoría, pautas de acción e instrumentos útiles al profesor.* Barcelona. Ceac.
8. ROGERS, C. Op. cit., p. 44-45.
9. CLEMENS, H.; BEAN, R.; CLARK, A. (1991): *Cómo desarrollar la autoestima en niños y adolescentes.* Madrid. Debate.

10. Relação de alguns autores que abordam as finalidades da AT.
11. IES Badalona/7 Barcelona: *L'acció tutorial a l'Ensenyament Secundari*. Documento de uso interno.
12. DEPARTAMENT D'ENSENYAMENT (1992): *L'Ensenyament Secundari Obligatori i el Batxillerat en la nova proposta educativa*. Barcelona. Generalitat de Catalunya.
13. DEPARTAMENT D'ENSENYAMENT (1983): *Orientació, tutoria i avaluació*. Barcelona. Generalitat de Catalunya.

2

As Assembléias de Sala de Aula ou como Fazer Coisas com Palavras

Josep M. Puig

Este capítulo pretende ser uma defesa das assembléias de sala de aula. Tal prática educativa não é uma perda de tempo, nem uma concessão injustificável aos alunos, nem tampouco um traço residual das pedagogias radicais do final dos anos 60. As assembléias de sala de aula são um elemento essencial em uma escola democrática e um instrumento insubstituível da educação em valores.

Para concretizar um pouco mais os objetivos perseguidos pelas assembléias de sala de aula, assinalamos a seguir várias questões.

Em primeiro lugar, visto que as assembléias estabelecem um procedimento baseado no diálogo para considerar as questões escolares, parecem-nos um bom meio de educação democrática. Não pretendem diluir o papel e a responsabilidade dos educadores, mas tentam dar a palavra a todos os protagonistas do processo educativo.

Em segundo lugar, as assembléias são também um meio para incrementar a eficácia escolar. Quando é possível falar das diferentes exigências escolares, é mais simples motivar sua correta realização. Conseguir um maior esforço no trabalho escolar e um clima de convivência melhor nas escolas depende, em alguma medida, de que essas questões possam ser consideradas coletivamente de um modo franco e aberto.

Artigo publicado em *Aula de Innovación Educativa*, n. 73-74, p. 47-50, julio/agosto 1998.

Finalmente, as assembléias escolares são um espaço de educação moral, porque nelas introjetam-se valores como o respeito, a colaboração, a solidariedade ou a justiça, e exercem-se capacidades psicomorais, como a empatia, o diálogo, a compreensão, o juízo ou a auto-regulação. De certo modo, pode-se dizer que as assembléias são um espaço de aprendizagem da democracia, de motivação para o aluno e de educação em valores.

Mas por que supomos que as assembléias de sala de aula são efetivas para alcançar tais objetivos? As assembléias são úteis e eficazes porque as palavras que se dizem nelas adquirem força, podendo motivar e comprometer os que falam.

Como afirmamos na segunda parte do título deste capítulo, apropriando-nos de uma expressão de Austin (1981), as palavras que se empregam em uma assembléia não servem unicamente para dizer coisas que acabarão se desvanecendo no esquecimento de uma fala descritiva, mas são palavras que criam opinião, incrementam a compreensão mútua, permitem alcançar acordos, servem para pedir desculpas e comprometem a conduta dos que falam. Ou seja, são ações verbais que envolvem, mobilizam e transformam os sujeitos que as realizam. É por isso que podemos afirmar que em uma assembléia fazem-se coisas falando: geram-se processos e criam-se situações que podem mudar as pessoas e os grupos.

O QUE É UMA ASSEMBLÉIA?

Costumamos dizer que as assembléias são o momento institucional do diálogo: um espaço que a escola destina de maneira exclusiva a promover a participação por meio da palavra. Durante as assembléias, a turma reúne-se para refletir sobre si mesma, para tomar consciência de si mesma e para transformar-se em tudo aquilo que seus membros considerem oportuno. Uma assembléia é um momento escolar organizado para que a sala de aula e seus educadores possam falar de tudo aquilo que lhes pareça pertinente a fim de otimizar o trabalho, a convivência e a animação. Para alcançar esses objetivos, a organização das assembléias requer:

- Destinar uma pequena parte do tempo semanal a esse tipo de reunião, de maneira que todos considerem a assembléia como uma atividade habitual da sala de aula, que podem usar para alcançar diversas finalidades.

- Dispor o espaço da sala de aula, às vezes, de forma distinta do habitual para favorecer o diálogo e para fortalecer, com esse simbolismo, a atitude de cooperação entre todos os seus membros.
- Interromper o trabalho individual da aula e modificar, de certo modo, os papéis de alunos e professores de maneira que sua participação seja mais igualitária, embora não-idêntica nem com igual responsabilidade.
- Empregar o tempo atribuído à assembléia para falar juntos de tudo o que ocorre à turma, ou de tudo aquilo que qualquer de seus membros considera importante e merecedor da atenção dos colegas.
- Dialogar com a disposição de se entender, de organizar o trabalho e de solucionar os conflitos de convívio que possam apresentar-se.
- Dialogar, portanto, com a vontade de mudar o necessário para que a vida da turma seja otimizada, e fazer isso com a vontade de se comprometer pessoalmente nessas mudanças.
- As assembléias, como reunião para falar das questões relevantes para a turma, podem prolongar-se e tornar-se mais efetivas se forem complementadas com outras formas de reunião e debate da comunidade escolar. Mecanismos como o conselho de delegados, os pequenos grupos de tutorias ou a comissão de saúde podem exercer essa função.
- Finalmente, o modo de realizar as assembléias de sala de aula depende da idade dos alunos. É evidente que as assembléias não podem ser realizadas do mesmo modo na educação infantil ou no ensino médio. Sua necessidade e utilidade podem ser parecidas, mas a maneira de concretizá-las varia em função da especificidade própria de cada idade.

A PARTICIPAÇÃO NO TRABALHO ESCOLAR, A CONVIVÊNCIA E A ANIMAÇÃO

A participação que se implementa nas assembléias concretiza-se no trabalho, na convivência e na animação. Ou seja, trata-se de participar ativamente na regulação desses três âmbitos da vida escolar.

É claro que a escola é uma instituição centrada na aprendizagem. Portanto, um dos âmbitos naturais de participação será precisamente o do trabalho escolar. Seria um contra-senso reivindicar uma escola democrática e não aplicar seus princípios ao seu principal objetivo. A escola deve buscar fórmulas para possibilitar que seus alunos se organizem e se responsabilizem por espaços cada vez mais amplos de seu processo de aprendizagem. Muitos aspectos desse processo estão nas mãos dos educadores e não é sensato pensar que possam abandoná-los. Porém, sem negar essa evidência, achamos que é desejável impulsionar a autonomia e a transferência de responsabilidades no que se refere às tarefas de aprendizagem.

Se a aprendizagem é a função básica da escola, a relação e a convivência também são aspectos essenciais da instituição escolar. A escola é um espaço no qual adultos e jovens vivem durante muitas horas do dia. Esse fato supõe uma fonte de experiências de socialização e de educação moral de grande alcance. Nenhuma escola pode esquecer a organização da relação interpessoal e a convivência. Nossa intenção é assinalar que essa tarefa recai, em parte, sobre os adultos que comandam a vida escolar, mas também deve ser responsabilidade dos mais jovens. É necessário que os alunos tenham experiências reais de convivência e que possam responsabilizar-se por conduzi-las por si mesmos. Na dose e na intensidade que cada caso permita, a escola democrática deve abrir um espaço para a regulação da vida em comum.

A escola é uma instituição de trabalho, de convivência e de vida. Portanto, visto que é um espaço de vida, recai sobre ela a necessidade de organizar os acontecimentos que fazem parte da vida das pessoas e das coletividades. Nesse sentido, não conseguimos imaginar uma escola que não dê atenção às comemorações próprias da comunidade, que não acolha os momentos de festa de seus alunos, que não se envolva em campanhas reivindicativas e solidárias ou que não organize atividades esportivas. Uma escola democrática é uma escola permeável à sensibilidade cidadã e às necessidades de seus usuários. Porém, assim como ocorre no trabalho e na convivência, a animação deve ser também uma oportunidade de participação.

FUNÇÕES DAS ASSEMBLÉIAS

A assembléia, como instituição de diálogo, costuma ter as funções que mencionaremos a seguir. Em primeiro lugar, a assembléia cumpre um claro papel *informativo*: tanto os educadores, de maneira vertical, como os alunos, de maneira horizontal, podem utilizá-la para dar a conhecer tudo aquilo que considerem relevante, tudo aquilo que diga respeito à vida da coletividade.

A assembléia é também a reunião de *análise* do ocorrido: é o tempo que se dedica a descobrir o sentido do vivido, as causas dos problemas ou as dificuldades que perturbam as tarefas escolares. Trata-se de considerar tanto os pequenos ou grandes conflitos de convivência que aparecem em todas as aulas, como, em uma certa idade, falar do significado da escola e do que cada aluno pode obter dela. Falar incrementa a compreensão mútua entre os alunos, a compreensão entre alunos e professores e a compreensão do significado que tem ou pode ter a escola para cada um deles.

Em terceiro lugar, na assembléia, por um lado, *decide-se* e *organiza-se* o que se quer fazer e, por outro lado, *regula-se* a vida da turma. Projetos de trabalho e diretrizes de convivência são os dois resultados dessa função. Nem tudo o que se vai fazer pode ser pensado pelos alunos. Há uma infinidade de questões que são programadas pelo corpo docente. Contudo, as assembléias podem ser úteis para explicar o sentido de algumas tarefas escolares já previstas, para modular certos aspectos do trabalho escolar e, em alguns casos, para contribuir, de forma eficaz, na definição do tipo de trabalho que se deva implementar.

De outra perspectiva, as assembléias de sala de aula contribuem para regular a convivência. Por outro lado, analisam os conflitos que surgem e buscam meios para apaziguá-los ou para solucioná-los, estabelecendo, de comum acordo, diretrizes e normas de conduta que criem um clima escolar positivo. E, sobretudo, um clima escolar em que todos, alunos e professores, estejam envolvidos e sintam-se co-responsáveis.

Muitas vezes, as assembléias servem também como encontro catártico, como lugar para desabafar, para dizer tudo e, conseqüentemente, para um recomeço mais tranqüilo. Em alguns casos, mais do que uma catarse, trata-se de um comentário sobre questões que são relevantes para os alunos. Questões sobre as quais não se deve acordar nada, nem decidir nada, mas que é conveniente que se exponham do modo mais aberto possível. Falar juntos incrementa a compreensão de si mesmo e do ambiente no qual cada um se move.

Por último, as assembléias são, simplesmente, uma possibilidade aberta para que todos digam o que desejam.

COMUNIDADE DEMOCRÁTICA E APRENDIZAGEM DA CIDADANIA

Dissemos, no início, que as assembléias escolares são um meio, embora não o único, para alcançar dois tipos de objetivos: que as escolas sejam comunidades democráticas e que os alunos aprendam a ser cidadãos capazes de participar em seu ambiente social de acordo com valores e critérios morais.

Uma escola será uma comunidade democrática à medida que se abrir à participação de todos os envolvidos. Não há comunidade democrática quando a escola é regida por critérios organizacionais e morais de caráter autoritário. Assim como quando na escola impera um clima de *laisser-faire* sem critérios e sem diretrizes. Finalmente, estamos longe de uma comunidade escolar democrática quando a escola quer reger-se sozinha, por um sistema de direitos, deveres e castigos que não comporta a criação de laços afetivos nem de acordos alcançados mediante o diálogo e motivados racionalmente. Uma escola não é um supermercado de conhecimentos, no qual os comportamentos de clientes e vendedores são regulados, mas em que nada os une como pessoas. Uma comunidade democrática é outra coisa.

Uma comunidade escolar supõe um espaço de convivência de jovens e adultos com papéis diferentes. Um espaço no qual a inter-relação face a face entre todos eles é freqüente e, sobretudo, calorosa. Uma relação imediata que permite criar laços de afeto que facilitam a transmissão de conhecimentos e de valores. Por outro lado, uma comunidade requer também a criação de estruturas grupais que permitam organizar o trabalho escolar cooperativo, a participação na vida da coletividade e a responsabilidade na realização de diferentes funções. Finalmente, uma comunidade democrática supõe ter estabelecido um conjunto de mecanismos de diálogo para tratar aspectos distintos da vida em comum. Obviamente, referimo-nos às assembléias de sala de aula e às demais práticas de participação democrática que mencionamos.

A aprendizagem da cidadania pelos alunos supõe que eles alcancem diferentes objetivos:

1. Que adquiram um vivo reconhecimento da coletividade e que se sintam parte do grupo no qual estão imersos. Que se sintam parte e que estejam dispostos a colaborar e a trabalhar pelo bom funcionamento da comunidade.
2. Que aceitem e construam normas; isto é, que tenham adquirido um sentido autônomo de disciplina que os capacite para reconhecer a correção de certas normas escolares, para melhorá-las e para estabelecer outras normas que sejam capazes de otimizar a convivência.

3. Que desenvolvam uma forte autonomia da vontade que os impeça de se esconderem no grupo e que, ao contrário, os impulsione a participar de acordo com seus critérios pessoais no bom andamento da sala de aula e da escola.
4. Que desenvolvam o conjunto de capacidades necessárias para dialogar de modo correto e para serem capazes de manter uma atitude reflexiva a respeito de si mesmos e da comunidade a qual pertencem.
5. Que adquiram uma predisposição a se comportar de acordo com valores como o espírito de iniciativa, a responsabilidade, a cooperação, a solidariedade, a tolerância e a busca de acordos.

A PALAVRA COMO EXPERIÊNCIA E COMPROMISSO

No começo deste capítulo, dizíamos que é possível fazer coisas com as palavras: que as assembléias não são um palavreado, mas sim uma experiência e um compromisso. As assembléias são experiência no sentido reclamado por Piaget quando comparava a aquisição da moralidade com a aprendizagem das diferentes matérias escolares. Ele afirmava que, do mesmo modo que para aprender física ou gramática não há outro método a não ser descobrir por si mesmo as leis da matéria ou da linguagem, baseando-se em experimentos e análises de textos; para adquirir os princípios da convivência não há outro sistema a não ser colocar os jovens em uma situação na qual tenham de viver de modo direto, o que significa a convivência. Desse modo, adquirirão de maneira ativa e experimental o que realmente significa a vida em comum, assim como todas as habilidades e valores que devem ser colocados em jogo para conseguir que seja o melhor possível. Nas assembléias, a palavra é experiência.

A palavra é uma experiência que orienta os que falam para um mútuo entendimento. Isto é, mediante a palavra os interlocutores incrementam sua compreensão mútua; conseguem elaborar planos de ação, normas de convivência e projetos de trabalho; e, por último, mediante a palavra eles se comprometem a ser coerentes com o que afirmam ou propõem. Participar em um processo de compreensão e construção conjunta mediante a linguagem compromete todos os interlocutores. Quem participa sente-se ligado e motivado a realizar aquilo que se pactuou. Nas assembléias, a palavra é compromisso.

As assembléias são eficazes porque nos põem diante de uma experiência de relação social que tende a criar nos que falam motivação e compromisso naqueles que falam. Contudo, ainda que a linguagem motive e comprometa, muitas vezes ainda não culmina naquilo que os interlocutores acordaram. As palavras permitem fazer coisas, mas nem todas as coisas podem ser feitas com as palavras. As assembléias devem buscar a máxima coerência entre a palavra e o comportamento.

REFERÊNCIAS BIBLIOGRÁFICAS

APPLE, M. W.; BEANE, J. A. (comp.) (1977): *Escuelas democráticas*. Madrid. Morata.

AUSTIN, J. L. (1981): *Cómo hacer cosas con palabras*. Barcelona. Paidós.

DARDER, P.; FRANCH, J.; COLL, C.; PELACH, J. (1994): *Grupo clase y proyecto educativo de centro*. Barcelona. ICE/Horsori.

DURKHEIM, E. (1947): *La educación moral*. Buenos Aires. Losada.

FREINET, C. (1972): *L'educació moral i cívica*. Barcelona. Laia.

KOHLBERG, L.; POWER, F. C.; HIGGINS, A. (1997): *La educación moral según Lawrence Kohlberg*. Barcelona. Gedisa.

PIAGET, J.; HELLER, J. (1968): *La autonomía en la escuela*. Buenos Aires. Losada.

PUIG, J. M.; MARTÍN, X.; ESCARDÍBUL, S.; NOVELLA, A. (2000): *Cómo fomentar la participación en la escuela. Propuestas de actividades*. Barcelona. Graó.

WATKINS, CH.; WAGNER, P. (1991): *La disciplina escolar*. Barcelona. Paidós.

3

A Ação Tutorial para Atender a Diversidade dos Alunos

Francesc Notó

Uma das definições que me parecem mais claras e completas é a que aparece na resolução dos últimos anos do Departament d'Ensenyament de la Generalitat de Catalunya (1999), que dá instruções para o funcionamento das escolas de ensino médio.

> A ação tutorial compreende o conjunto de atividades de acolhimento, de orientação pessoal, acadêmica e profissional que se destinam aos alunos e que os professores da escola programam, de acordo com as linhas de atuação estabelecidas no seu projeto educativo, mediante um plano de ação tutorial aprovado pelo corpo docente e pelo conselho escolar.
> A ação tutorial é exercida de forma compartilhada por todos os professores, dado que a atividade docente implica, além de ministrar os ensinos próprios da área, o acompanhamento e a orientação do processo de aprendizagem dos alunos e a adaptação do ensino à diversidade de necessidades educativas apresentadas.
> Ao mesmo tempo, para coordenar a ação tutorial dirigida aos alunos, o diretor da escola designa um tutor para cada grupo de alunos, de acordo com o procedimento previsto no regulamento orgânico e no regimento das escolas e com as funções que ali se especifiquem. Na ESO, o tutor tem de ser professor dos créditos comuns

---

Artigo publicado em *Aula de Innovación Educativa*, n. 90, p. 45-49, março 2000.

de alguma das áreas e deve-se procurar que seja a mesma pessoa ao longo da etapa.[1]

Dessa definição, cabe destacar vários aspectos, mas talvez o mais importante ou relevante seja que a função docente inclui também a tutoria e a orientação. Tal afirmação também está incluída na LOGSE (Lei Orgânica do Sistema Educativo Espanhol) no artigo 60. Essa função do professor, que é tão clara no âmbito normativo, não é tão nítida no âmbito prático.

Um dos aspectos mais importantes em qualquer trabalho educativo é a relação humana que se estabelece entre o professor e seus alunos. Para alguns alunos, essa relação com os adultos é a única com referentes positivos e saudáveis. O aluno precisa de uma pessoa que seja o interlocutor entre a equipe de professores, os pais e ele próprio; à qual possa estabelecer problemas concretos, sejam pessoais ou de grupo, e que o oriente no momento de escolher e planejar o trabalho, nos estudos, no âmbito profissional, no âmbito pessoal, etc.

A tutoria não tem um reconhecimento específico diferenciado, nem em complementos econômicos, nem em méritos para participar em diferentes concursos, e a redução da carga horária não é suficiente para fazer esse trabalho. Em geral, um coordenador de área ou de etapa tem mais redução de carga horária do que um tutor, tem um complemento econômico e tem pontuação para diversos concursos.

Se tal tarefa tão importante e complexa é deixada exclusivamente ao voluntarismo do professor, à sua consciência profissional, aparecem tipologias muito distintas de tutores, desde aqueles que não acreditam absolutamente que essas tarefas descritas façam parte de seu papel profissional, até aqueles que incorporam tarefas de atenção e acompanhamento pessoal que ultrapassam as funções do professor, confundindo-se com outros papéis como os familiares, os terapêuticos, etc..

Se no projeto da escola se dá uma importância ou outra à ação tutorial, por ação ou por omissão, fica definido o plano de ação tutorial (PAT), favorecendo um ou outro estilo de intervenção.

Se as tutorias de grupo são deixadas aos recém-chegados à escola, cria-se uma cultura de "escapismo" que desvaloriza essa função.

Se aos professores que realizam bem sua função recompensa-se "castigando-os" com tutorias difíceis, enquanto os profissionais que não se esforçaram muito em seu trabalho tutorial obtêm como recompensa tutorias fáceis, ou, inclusive, ficam livres de tutorias, a própria escola está premiando certas atitudes pouco comprometidas, provocando um sentimento de desânimo nos bons tutores.

As soluções apontadas nas escolas são muito limitadas. Por um lado, que direção se atreve a dar uma tutoria difícil a um professor "rebelde"? Por outro, que elementos tem a escola para premiar a tutoria bem-feita e para que os professores se sintam um pouco compensados?

Eu equipararia a preparação necessária para ser tutor à preparação para exercer a docência. Se uma pessoa não pode exercer a tutoria, tampouco poderia ser professor.

Dispor de estratégias e de certos conhecimentos seguramente melhora nossa ação tutorial; portanto, a formação e a atualização de conhecimentos facilita essa tarefa. Mas a preparação indispensável é a vontade. Estar disposto a assumir tal tarefa é o primeiro passo; pode-se fazer melhor ou pior, mas, em geral, as más tutorias associam-se a professores que não querem ser tutores.

Para melhorar a ação tutorial, facilitando aos professores dispostos uma melhor intervenção, é muito importante dispor de um PAT atualizado anualmente, permitindo que os professores se envolvam no conteúdo e se apropriem dele, e que se detalhem e se concretizem as funções da tutoria.

A ação tutorial comporta uma atenção individual e pessoal a cada aluno; portanto, se essa ação se faz com todos os alunos de acordo com as características pessoais de cada um deles, estamos atendendo a diversidade.

Para que os tutores possam realizar sua função, eles têm de dispor do máximo de informação de cada um de seus tutorados. É preciso dedicar um tempo a essa troca de informação com os colegas que atendem os alunos e, se possível, decidir intervenções para melhorar o processo educativo dos alunos. Com o acompanhamento individual, será possível orientar sobre os aspectos acadêmicos, pessoais e profissionais.

Um dos grandes problemas que temos nas escolas é não dispor de tempo suficiente para trocar as informações sobre cada um dos alunos e nos posicionar-mos quanto às intervenções que devem ser realizadas. Muitas vezes, o pouco tempo de coordenação de que dispomos é utilizado para falar de alguns poucos alunos que causam muitos problemas; esses alunos que monopolizam o tempo da reunião nem sempre são aqueles sobre os quais se podem decidir intervenções proveitosas e fáceis, e, assim, não se dispõe de tempo para falar de alunos nos quais intervenções relativamente fáceis podem produzir uma resposta favorável em seu processo de aprendizagem.

Também os professores, quando falam dos alunos, tendem a ser muito descritivos e a relatar o que fazem, como as travessuras ou as grosserias que cometeram que os tiram do sério. Deste modo, convertem a reunião em uma sessão terapêutica na qual expõem suas lamentações e suas impotência e apresentamos poucas propostas de intervenção.

DESCRIÇÃO DE UMA EXPERIÊNCIA

No IES Banús de Cerdanyola del Vallès (Barcelona), propusemos uma maneira de fazer o acompanhamento e compartilhar a informação dos alunos que nos permitisse comprovar o que falássemos de todos os alunos e sobre aqueles aspectos que concordáramos que nos proporcionavam informação para atender o melhor possível a cada um deles.

Para dar conta da diversidade dos alunos, propõem-se medidas ordinárias (para todos os alunos) e extraordinárias ou específicas (apenas para um grupo reduzido de alunos).

Dentro das medidas ordinárias de atenção à diversidade dos alunos que consideramos na escola estão:

- Redução da proporção de todos os grupos (especialmente o de tutoria). Máximo: 23 alunos.
- Acompanhamento e tutoria compartilhada pela equipe docente.
- Oferta e orientação de créditos variáveis.
- Distribuição curricular de créditos comuns.

Pela nossa experiência, sabemos que nem todos os professores consideram que uma de suas funções na docência seja a tutoria e a orientação, por mais que isso esteja escrito em leis, normas, decretos, etc. E todos sabemos que quando se cumpre uma tarefa a contragosto é muito difícil fazê-la de forma satisfatória. Por isso, pensamos que uma maneira de facilitar aos tutores seu trabalho é a elaboração de um PAT de acordo com eles sobre o modelo do curso anterior, compartilhando entre os professores da etapa de ensino a responsabilidade da tutoria. Dessa maneira, o tutor seria o encarregado de coordenar a ação tutorial de um grupo de alunos, mas que a responsabilidade por tal ação caberia a toda a equipe da etapa de ensino.

Para poder realizar o acompanhamento dos alunos, cada equipe reúne-se uma hora por semana com essa única finalidade. Da análise de tais reuniões, pensamos que seria conveniente buscar algum instrumento que nos centrasse mais em nossa tarefa, que nos ajudasse a não divagar tanto e, sobretudo, que nos assegurasse falar de todos os alunos.

O instrumento que elaboramos foi discutido com um grupo de trabalho dentro do plano de formação da comunidade, chamado de "atenção integradora da diversidade dos alunos", formado por professores de diferentes escolas de ensino médio.

Em resumo, o instrumento que se utiliza (ver Quadro 3.1 na página 40) é uma grade na qual se cruza cada um dos alunos da tutoria com as variáveis que desejamos observar, e para cada uma delas elegemos um código de acordo com as frases (ver Quadro 3.2 nas páginas 41, 42, 43 e 44), que definimos previamente com a equipe da etapa. Deve-se procurar que as frases não sejam apenas descritivas, mas que já apareça nelas uma possível intervenção.

Os aspectos considerados são:

- Aspectos gerais:
  - Pontualidade e freqüência.
  - Relação com os professores.
  - Relação com o grupo.
  - Comportamento.
- Aspectos acadêmicos (por matéria):
  - Relação conceitual.
  - Trabalho.
  - Atitude.
- Propostas de intervenção:
  - Na escola.
  - Para a família.
  - Outros.

Combinar, em equipe, sobre as frases que devem ser utilizadas pode ser um trabalho de grande utilidade para fixar os aspectos que se quer priorizar. Esse trabalho é indispensável para que a equipe aproprie-se deste instrumento e para que ele seja útil.

Quadro 3.1 Grade de acompanhamento dos alunos do IES Banús

CURSO:

	Aspectos gerais				Aspectos acadêmicos																			Propostas intervenção		
					Catalão			Caste-lhano			Língua Estran-geira			Ciências Sociais			Mate-mática			Ciências Naturais			Música			Arte Visual e Plástica/ tecnologia			Ed. Física					
ALUNOS:	A	B	C	D	4	5	6	4	5	6	4	5	6	4	5	6	4	5	6	4	5	6	4	5	6	4	5	6	4	5	6	H	I	J
	0	1	2	3																									7	8	9
1.																																		
2.																																		
3.																																		
4.																																		
5.																																		
6.																																		

A: Pontualidade-freqüência. B: Relação com os professores. C: Relação com o grupo. D: Conduta. H: Família. I: Escola. J: Outros.

Quadro 3.2 Exemplo de frases de acompanhamento

Códigos de grade do acompanhamento – Pré-Avaliação

Aspectos gerais	Aspectos acadêmicos	Outras propostas
A. *Pontualidade-freqüência*	E. *Relação e compreensão de conceitos*	H. *Família*
9. Sua pontualidade e freqüência são corretas; deve prosseguir nessa linha.	9. Devem-se propor atividades individuais de atuação na sala de aula.	9. É necessário felicitá-lo e estimulá-lo a continuar assim.
8. Sua pontualidade melhorou; deve prosseguir nessa linha.	8. Consegue uma boa compreensão dos conceitos e estabelece uma boa relação entre eles.	8. É necessário felicitá-lo pela melhoria alcançada.
7. Sua freqüência melhorou; deve prosseguir nessa linha.	7. Melhorou muito sua compreensão e relação dos conceitos.	7. Seria preciso estimulá-lo.
6. Sua pontualidade deve ser controlada pela escola.	6. Devem-se propor exercícios complementares que facilitem sua compreensão e relação dos conceitos.	6. Seria necessário ajudá-lo a levar o material na data solicitada.
5. Sua freqüência deve ser controlada pela escola.	5. Deve-se agrupá-lo com colegas que lhe facilitem a compreensão e relação dos conceitos.	5. Deve-se controlar sua agenda e seus trabalhos.
4. Deve melhorar a pontualidade entre as aulas.	4. Necessita de uma ajuda fora da escola; aulas particulares.	4. É preciso controlar suas horas de estudo.
3. A família deve controlar a freqüência para melhorá-la, porque há faltas não-justificadas.	3. Deve-se propor um crédito de reforço que o ajude a alcançar os objetivos.	3. É preciso ajudá-lo a ter um espaço de trabalho.
2. A família deve controlar a pontualidade para melhorá-la.	2. Requer uma adaptação curricular individualizada.	2. É preciso demonstrar mais interesse pelo que faz.
1. A escola deve comunicar ao órgão competente da Secretaria da Educação as ausências.	1. Requer uma extensão curricular.	1. Deveria melhorar sua higiene.
0.	0.	0.

(Continua)

Quadro 3.2 Exemplo de frases de acompanhamento (*Continuação*)

Códigos de grade do acompanhamento – Pré-Avaliação

Aspectos gerais	Aspectos acadêmicos	Outras propostas
B. Relação com os professores	*F. Materiais, trabalhos e deveres*	*I. Escola*
9. Tem uma boa relação; deve prosseguir nessa linha.	9. Entrega corretamente os trabalhos; deve continuar assim.	9. Deve fazer créditos extras.
8. Melhorou muito sua relação; deve prosseguir nessa linha.	8. Melhorou na entrega dos trabalhos; deve prosseguir nessa linha.	8. É preciso ter uma entrevista com os pais ou os tutores.
7. Melhorou sua relação; deve prosseguir nessa linha.	7. Entrega pontualmente os trabalhos, mas deve melhorar a apresentação.	7. Deve fazer créditos-oficina ou de CB.
6. Deve abandonar a atitude provocativa.	6. Entrega pontualmente os trabalhos, mas deve melhorar a qualidade.	6. É preciso proporcionar-lhes horas de atenção individual.
5. Deve acatar ordens e sugestões.	5. Deve entregar os trabalhos no prazo estipulado.	5. É preciso propor-se uma ACI singular.
4. Deve esforçar-se por melhorá-la.	4. Deve anotar os deveres na agenda.	4. É necessária a intervenção de orientação.
3. Deve encontrar uma maneira positiva de se relacionar.	3. Deve-se passar-lhe um controle dos deveres na agenda.	3. Requer-se uma caderneta de acompanhamento.
2. Deve ser mais respeitoso.	2. É preciso empenhar-se para conseguir o material.	2. É necessário um controle específico dos professores.
1. Deve controlar-se mais, medindo o que diz e o que faz.	1. É preciso fazer uma adequação individual dos trabalhos.	1. Deve haver créditos de reforço.
0.	0. Deve vir fora do horário para fazer os deveres.	0.

(*Continua*)

Quadro 3.2 Exemplo de frases de acompanhamento (*Continuação*)

Códigos de grade do acompanhamento – Pré-Avaliação

Aspectos gerais	Aspectos acadêmicos	Outras propostas
C. *Relação com o grupo*	G. *Atitude*	J. *Outros*
9. Tem uma boa relação; deve prosseguir nessa linha.	9. Sua atitude é muito boa; deve continuar assim.	9. Deve propor-se uma escolarização compartilhada.
8. Melhorou muito sua relação; deve prosseguir nessa linha.	8. Melhorou muito sua atitude; deve prosseguir nessa linha.	8. Deve buscar-se uma ajuda externa.
7. Melhorou sua relação; mas deve melhorar ainda mais.	7. Melhorou sua atitude; deve continuar melhorando.	7. É preciso abrir um processo disciplinar.
6. Deve esforçar-se para se integrar mais.	6. Deve mostrar-se mais participativo.	6.
5. Deve ter uma atitude mais respeitosa.	5. Deve manifestar suas dificuldades para que se possa ajudá-lo.	5.
4. Deve mostrar-se menos seletivo na hora de escolher companhia.	4. Deve esforçar-se mais, e não sucumbir à primeira dificuldade.	4.
3. Deve encontrar melhores formas de se relacionar.	3. Deve-se agrupá-lo com colegas que possam ajudá-lo.	3.
2. Em situações conflituosas, não deve mostrar tanta agressividade.	2. Deve encontrar formas de intervenção positivas.	2.
1. Deve controlar mais o vocabulário.	1. Necessita de uma mudança total de atitude.	1.
0.	0.	0.

(*Continua*)

Quadro 3.2 Exemplo de frases de acompanhamento (*Continuação*)

Aspectos gerais	Códigos de grade do acompanhamento – Pré-Avaliação	
	Aspectos acadêmicos	Outras propostas

D. Conduta

9. Mostra um comportamento totalmente correto; deve continuar assim.
8. Seu comportamento tem melhorado muito; deve continuar nessa linha.
7. Se comportamento tem melhorado; deve esforçar-se para continuar melhorando.
6. Deve respeitar o material de trabalho em sala de aula, tanto o seu como o dos outros.
5. Deve mostrar-se mais respeitoso com o material e as instalações da escola.
4. Deve entender que não é correto "fazer justiça com as próprias mãos".
3. Deve melhorar seu comportamento em geral.
2. Deve encontrar-se maneiras de intervenção que melhorem sua conduta.
1. Deve ampliar-se ações sancionadoras.
0.

Quadro 3.3 Informe primeira avaliação

ALUNO: Mariano Gertrudis **CURSO:** 2x

A equipe da série de seu filho/filha, a partir das reuniões de acompanhamento realizadas, decidiu informá-los sobre os acordos e propostas para a melhoria do processo de aprendizagem de seu filho/filha.

Aspectos gerais

Pontualidade e freqüência	Deve justificar a falta de freqüência. Tem de melhorar a pontualidade das primeiras horas.
Relação com os professores	Deve-se felicitá-lo pela boa relação com os professores.
Adaptação ao grupo	Tem uma relação muito boa com o grupo.
Conduta	Não há problemas de conduta.

Aspectos acadêmicos

Área	Compreensão-relação de conceitos	Trabalhos-deveres	Atitude
Língua catalã	Deve perguntar e pedir ajuda.	Deve melhorar a apresentação e a limpeza.	Deve participar mais.
Língua castelhana Língua estrangeira Ciências sociais Matemática	Deve fazer uma adaptação individual de reforço. Melhorou sua compreensão.	Deve esforçar-se mais em fazer os deveres. Deve apresentar os trabalhos pontualmente.	Deve esforçar-se mais. Deve participar mais.
Ciências naturais e experimentais	Deve fazer uma adaptação individual de reforço.	Deve esforçar-se mais em fazer os deveres.	Deve esforçar-se mais.
Música Artes Visuais e Plástica/tecnologia Educação física	Deve fazer uma adaptação individual de ampliação. Deve esforçar-se mais.	Entrega pontualmente os trabalhos e tarefas. Entrega pontualmente os trabalhos e tarefas.	Tem uma boa atitude. Deve esforçar-se mais.

Outras propostas de intervenção

Família	Requer-se um controle para que não se descuide do material diário.
Escola	É preciso fazer um acompanhamento do material por parte dos professores.
Gerais	

Atenciosamente

Em nível prático, observamos que para agilizar a reunião seria melhor que os aspectos acadêmicos já estivessem preenchidos pelos professores da matéria e que na reunião dirigida pelo tutor se falasse de aspectos gerais, de aspectos comuns ou relevantes do item acadêmico e se fixassem as propostas de intervenção decorrentes da informação obtida.

Ao finalizar a reunião, o tutor dispõe de muita informação sobre cada um dos alunos para fazer uma boa orientação, para poder transmiti-la à família ou fazer o uso que considere mais adequado.

No IES Banús, essa informação é utilizada também para fazer a pré-avaliação (Quadro 3.3) e, graças a um programa informático, esses códigos são traduzidos em um informe personalizado que pode ser passado à família.

Na página *web*, *www.uab.es/ice/diversitat*, no item de recursos informáticos, encontra-se o programa *seg98*, que permite fazer o acompanhamento dos alunos e elaborar os informes de prá-avaliação, utilizando os aspectos descritos anteriormente.

A título de resumo: nas escolas devemos e podemos fazer intervenções que dinamizem um determinado estilo de ação tutorial e reivindicar uma colaboração externa à escola que ajude a compensar de alguma forma as atuações realizadas de acordo com as normas vigentes. Que não seja um castigo envolver-se em nosso trabalho. Não é suficiente a satisfação pessoal que alguém pode ter ao saber que faz as coisas bem; é necessário reconhecer esse profissional de uma maneira significativa para ele e estimulá-lo a prosseguir nessa linha, enquanto que os que não se disponham a esse trabalho não devem ter os privilégios em sua vida profissional.

O modo de fazer passa forçosamente por uma avaliação profissional e por um controle que ajuda os que relaxam demais em suas tarefas, motivando-os com estímulos de recompensa.

Sobre quem deve exercer tal controle e tal avaliação, penso que deve ser tanto o conselho escolar da escola quanto os agentes externos, como a inspeção ou outros organismos que possam ser criados.

NOTA

1. Na *Resolução* de 21 de junho de 1999, que dá instruções para a organização e o funcionamento das escolas públicas de ensino médio da Catalunha para o período 1999-2000.

EDUCAÇÃO INFANTIL

4

A Assembléia na Educação Infantil

Miguel Ángel de Ben

A assembléia de sala de aula em educação infantil (em princípio, nos níveis A e B), também denominada "o círculo" ou "a roda", é um recurso metodológico de primeira ordem em toda dinâmica de trabalho que se queira desenvolver dentro de um âmbito educativo que considere o grupo de alunos como sujeitos ativos em suas próprias aprendizagens.

Requer um espaço físico, com uma disposição dos participantes que lhes permita "ver os rostos", normalmente em forma de círculo fechado. Requer um espaço físico cômodo: podem-se usar cadeiras, bancos, tapete ou chão acolchoado. Também requer que se realize em um espaço estável, no sentido de que seja sempre o mesmo lugar. Isso não quer dizer que tal espaço seja utilizado apenas para a assembléia (recordemos a multifuncionalidade dos espaços e materiais nessa etapa).

A assembléia é o tempo e o lugar de comunicação verbal coletivos por excelência (1, 3),[1] (Ao longo do capítulo, o leitor encontrará notas numéricas entre parênteses, de forma que se relacionem os diferentes parágrafos com os Blocos de Conteúdos estabelecidos nas Novas Propostas Curriculares. Ver nota ao final deste capítulo).

Artigo publicado em *Aula de Innovación Educativa*, n. 28-29, p. 32-35, julio/agosto 1994.

OBJETIVOS E CONTEÚDOS

A assembléia é um instrumento pedagógico mediante o qual se podem conseguir os objetivos e pôr em jogo os conteúdos que expomos a seguir.

Quanto à dinâmica do grupo (1)

A regulação da dinâmica da sala de aula

É o elemento de regulação da "dinâmica" da sala de aula por excelência. Isto é, nesse espaço-tempo, podem-se abordar e reconduzir os seguintes aspectos:

As situações conflituosas da vida do grupo (1)

Situações "normais" quando se pretende que uma soma de individualidades que compartilham o mesmo espaço durante muitas horas do dia se configure em um grupo.

Um grupo de pessoas é uma unidade viva; é muito mais que a soma de seus membros. Para que passe de uma soma de indivíduos a um grupo, requer-se tempo e uma história comum no ajuste das diferentes formas de ser e dos diferentes interesses e papéis.

Viver em um grupo é uma conquista que precisa ser aprendida, e é normal que essa aprendizagem produza conflitos entre os seus membros. Esses pequenos conflitos (grandes conflitos do ponto de vista dos alunos envolvidos) precisam ser tratados na assembléia, e o educador deve solicitar expressamente que todos os sujeitos envolvidos exponham a situação de forma desapaixonada, e que se ouçam todos os pontos de vista (1). Devem-se buscar soluções, se não coletivas, pelo menos na presença de todo o grupo, para que se tenha conhecimento destas. Refiro-me aos possíveis conflitos de condutas negativas persistentes de alguns alunos (1), assim como situações ocasionais de briga e situações de busca de normas de funcionamento dos ambientes de jogo ou atividades cotidianas.

O reforço positivo dos êxitos de comportamento em alunos com dificuldades nas relações positivas (1)

A assembléia é um lugar apropriado para estimular sentimentos de superação nos alunos que apresentam dificuldades em se relacionar e que vão conseguindo, no decorrer do curso, comportar-se melhor ou relacionar-se de uma forma mais positiva para eles mesmos e para os colegas, enquanto nós verbalizamos, perante o grupo, as condutas positivas realizadas no dia por tais alunos.

As responsabilidade da vida do grupo

Para o andamento da vida do grupo, é habitual a divisão de tarefas ou responsabilidades, tais como ser encarregado de recolher materiais, arrumar as mesas, subir e baixar as persianas, dar de comer aos animais, regar as plantas e outras responsabilidades que seja necessário assumir (2). A assembléia é o lugar apropriado para fazer a atribuição pública dessas tarefas e verificar seu cumprimento.

Situações que estimulam o sentimento de pertencer ao grupo

- *A realização de uma assembléia no início da jornada,* na qual todos nos cumprimentamos, nos encontramos e, a partir daí, todos começam a realizar tarefas, estimula os sentimentos de pertencer a um grupo (1).
- *A realização de uma assembléia no final da jornada,* quando se sente que se compartilharam muitas experiências do dia e é o momento da despedida, também favorece o sentimento de pertencer ao grupo (1).

Lugar das apresentações das pessoas (1)

A assembléia é o lugar conveniente para realizar as apresentações dos alunos no início do curso, dos novos membros que se incorporem no decorrer do ano, companheiros em prática ou pais e mães que vão participar de alguma atividade.

Essa dinâmica de criação de grupo não está isenta de dificuldades, como em qualquer idade, mas acentua-se nessa faixa etária pelo acentuado egocentrismo psicológico, o fato de ser a primeira etapa educacional na qual se aborda e o fato de não haver aprendizagens prévias. Implica aprender a "descentrar-se", admitir que existem outros pontos de vista diferentes dos nossos que podem ser válidos, aprender a ouvir, a ser tolerantes, a ceder em proposições, chegar a consensos para realizar atividades, aprender que a cooperação e a solidariedade permitem realizar e viver atividades e situações que superem o individualismo e entrem em uma dimensão coletiva, que será sempre de maior qualidade e mais rica (1, 2, 3).

Isso faz com que os resultados sejam lentos e, em princípio, menos visíveis, mas a atividade sustentada e dentro do âmbito do "saber esperar" e, confiando nos próprios alunos, faz com que observemos como se produz, progressivamente, tal evolução.

Por tudo isso, a aprendizagem de "saber viver em grupo" é um conteúdo educativo de primeira ordem nessa faixa etária e exige dedicação, esforço e constância de nossa parte (1), esforço que considero oportuno abordar na assembléia.

Quanto a outros conteúdos específicos dos três âmbitos de conhecimentos e experiências

A assembléia no início do dia

É um tempo no qual o grupo pode comunicar
e expressar os assuntos que mais o preocupam
no início da jornada, ou que necessita comunicar (3)

Refiro-me à expressão de idéias que têm a ver com vivências da tarde anterior, da noite anterior, da manhã em casa, do caminho até a escola e outras experiências fixadas há tempo em sua memória, vividas em outros momentos, mas que foram significativas para eles.

Em primeiro lugar, o fato de permitir e acolher a expressão de seus pensamentos antes de qualquer outra atividade programada já está contribuindo para estabelecer uma relação de qualidade do adulto com a criança: de pessoa a pessoa. É algo semelhante ao que fazemos quando encontramos alguém com quem temos uma relação de amizade: começamos expressando e ouvindo o "que sai primeiro", que costuma coincidir com o que nos preocupa, nos ilude, ou o que desejamos, etc.

Estabelecer esse tipo de relação de comunicação é a prova de que existe uma relação "para além" da obrigatoriedade, e é expoente de uma boa relação afetiva (1, 2). Com isso, estamos abordando conteúdos do âmbito socioafetivo (1), aspecto fundamental que se deve considerar para o desenvolvimento integral de nossos alunos.

A relação de aprendizagem de tipo mais cognitivo facilita uma predisposição para as demandas que façamos, pois antes permitimos, recebemos, aceitamos e, portanto, valorizamos suas demandas de expressão e ação: ouvimos antes de falar, recebemos antes de lhes pedir.

É um tempo em que podemos falar sobre seus objetos

Nessa faixa etária, os alunos costumam vir para a aula (se lhes é permitido e estimulado) com objetos que são significativos em suas vidas. Refiro-me a quando trazem carrinhos, bonecos, bolas, um pau, uma flor, figurinhas, etc. Esse fato e a aceitação de que possam fazê-lo contribui igualmente para tratar e considerar conteúdos do âmbito socioafetivo da pessoa, pois a relação com os objetos pessoais nessa faixa etária costuma estar carregada de afetividade (1).

Também podemos aproveitar o momento para introduzir perguntas sobre os próprios objetos (2), objetivando desenvolver capacidades de análise (conceitos topológicos, fazendo jogos de colocação com estes, conceitos lógicos, matemáticos, etc.) (3), desenvolver um maior conhecimento sobre tais objetos, incentivando a reflexão sobre eles (2) (do que é feito, para que serve, como conseguiram, quando, por que os trazem, etc.) e também desenvolver capacidades criativas (3) (com que se parece, o que ocorreria se fosse feito de tal material, o que ocorreria se acontecesse tal coisa, que história poderia inventar-se sobre ele, etc.)

Esse tipo de atividade, além de desenvolver as capacidades mencionadas, estimula a capacidade metacognitiva de se acostumar a fazer perguntas sobre a realidade imediata de sua vida ("aprender a aprender") (1), sobre seus objetos, roupas, corpo ou acontecimentos que tenham vivido, quando as fazemos com certa freqüência, como hábito, na dinâmica da sala de aula. A assembléia é um bom espaço para fazer tais perguntas.

É um tempo em que podemos atrair seus interesses e suas propostas

Podemos detectar e atrair os interesses do grupo sobre alguns temas para que, a partir deles, possamos planejar toda uma seqüência de ensino-aprendizagem, bem como um "centro de interesse", um "projeto de trabalho" ou uma "pesquisa" (1, 2, 3).

É um dos espaços para descobrir as "idéias atuais" dos alunos

Podemos considerar as idéias do grupo sobre os acontecimentos, objetos, fatos... no planejamento das seqüências de ensino-aprendizagem. Em suma, considerar as crenças, as vivências ou as suposições acerca dos conteúdos de aprendizagem que queremos pôr em jogo e desenvolver para conseguirmos os objetivos educativos previstos.

Dessa maneira, não apenas descobrimos esse universo de idéias atuais, como também favorecemos, com nossas intervenções verbais, que tenham consciência delas, isto é, que os alunos conheçam suas próprias idéias ou suposições, primeiro elo para que possam evoluir.

É o lugar apropriado para apresentar as tarefas e as atividades que devem ser realizadas durante o dia

Criarmos o hábito de saber, no início do dia, o que nos propomos a fazer durante o tempo que temos para estar juntos, favorece a auto-regulação individual e ajuda a dar sentido à "jornada".

A assembléia no final da jornada

É muito interessante realizar uma assembléia ao final da jornada para poder tratar dos seguintes aspectos:

Comunicar as vivências que se teve

É um momento no qual se pode expor perante o grupo o que cada um descobriu, o que aprendeu ou o que jogou nesse dia, se trabalhamos com ambientes ou cantos de jogos e atividades (1, 3).

Dessa forma, as conquistas individuais passam, ou podem passar, a ser coletivas, e o que alguém aprendeu por si mesmo, espontaneamente ou de forma orientada pela intervenção do educador, pode repercutir nos demais, produzindo uma aprendizagem ou motivando para que no dia seguinte opte por vivenciar uma situação parecida.

Por outro lado, sabemos que o fato de comunicar verbalmente o que se realizou ou viveu estimula a representação mental e auto-obriga à estruturação do pensamento (1).

Integrar o que foi vivenciado a partir da síntese temporal

Isso nos permitirá tomar consciência coletiva dos momentos importantes do dia, de forma seqüencial, ordenada no tempo (1): "O que fizemos ou vivemos no início do dia? O que fizemos antes do café da manhã? E depois do recreio? O que fizemos no final?" (2). Assim, a partir da reflexão sobre as vivências, favorecem-se a estruturação temporal ordenada e a simbolização (1, 3).

Encadear uma jornada com a seguinte

Pode ser o momento para recordar coletivamente tarefas que se deve realizar em casa para a jornada seguinte (procurar algum tipo de material, fazer certas perguntas aos pais, etc.).

Depois dessa descrição de possíveis funções diferenciadas, podemos sintetizar que praticar espaços de assembléias significa possibilitar o desenvolvimento dos procedimentos de regulação da interação entre iguais, e que estes se desenvolvam dentro de um âmbito de valores sociais que aposta em "ouvir o outro", na "aceitação da diversidade de personalidades", na "valorização do mundo afetivo da pessoa", na "colaboração, cooperação e solidariedade como procedimentos de intervenção social" (1).

MECANISMOS ÚTEIS PARA CONDUZIR A DINÂMICA

A vez de falar

Para se acostumar a respeitar a vez de cada um falar, normalmente quem quer intervir levanta a mão, estabelecendo-se turnos anunciados em pequenos grupos (de cinco em cinco) se a demanda for grande.

Quando são maiores, também podem-se escrever os nomes dos interessados no quadro-negro, por ordem de solicitação, e ir riscando-os conforme vão intervindo. Dessa forma, ao mesmo tempo em que se favorece a ordem nas intervenções, facilita-se o reconhecimento dos nomes, podendo-se introduzir exercícios de aproximação da linguagem escrita (3) e exercícios lógico-matemáticos (3) (ordinais, antes, depois, contagem, subtração, etc.).

No caso dos menores (três ou quatro anos), quando todos querem falar, um recurso possível é seguir a ordem em que estão sentados, começando de um ponto em sentido rotativo e no dia seguinte em sentido contrário.

O respeito à diversidade

Não se deve obrigar a falar os alunos que inicialmente não pedem para intervir. É preciso esperar; deve surgir neles a necessidade de expressão verbal; podem demorar dias ou meses. Se fazemos referência ao que se comentava antes e chega sua vez, dar "um tempo de silêncio" para o caso de quererem intervir, respeitosamente, e se não o utilizarem, não devemos desvalorizá-los ou desqualificá-los, mas sim "reconhecer seu silêncio" com gestos ou olhares e seguir a roda.

Falar em público pode ser muito fácil e desejável para muitos, mas para outros pode significar uma grande dificuldade (1) que é preciso respeitar. E quando se estabelece esse marco de respeito e reconhecimento da dificuldade junto com um clima de espera e reforço positivo sempre que sejam capazes, estabelecemos uma dinâmica que contribui para ajudá-los a superar essa dificuldade.

O tempo de duração

Quanto ao tempo de duração da assembléia, esta não deve prosseguir se os alunos já não estiverem interessados e mostrarem cansaço. É preferível que se encerre com um sentimento positivo, ainda que não se tenha tratado tudo o que estava previsto, do que terminar em um clima negativo, de imposição, mandando que se calem e chamando à ordem seguidamente de forma generalizada, obrigando-os a manter a atenção, quando nesse dia e nesse momento o grupo já não tem mais o que oferecer.

Essas são algumas reflexões pessoais sobre a assembléia, fruto de minha prática pessoal com alunos de quatro e cinco anos, contribuições que desejo que sejam consideradas apenas como sugestões e que não sejam entendidas como "receitas", pois surgiram como respostas pessoais a diferentes situações, em contextos específicos, e apenas tentei generalizá-las. Seguramente vocês poderão transformá-las com suas experiências e reflexões e enriquecê-las.

NOTA

[1] A relação a que nos referíamos é a seguinte:
(1) *Âmbito de identidade e autonomia pessoal:*
- Corpo e movimento.
- Conhecimento e auto-imagem.
- A vida em sociedade.
  Geralmente, os conteúdos desse bloco tratados no texto fazem referência aos dois últimos itens do bloco.
(2) *Âmbito do meio físico e social:*
- Aproximação da natureza.
- Aproximação da cultura.
- Os objetos e as atividades com eles.
  Basicamente, os conteúdos desse bloco expostos no texto fazem referência aos dois últimos itens do bloco.
(3) *Âmbito de comunicação e representação:*
- Expressão corporal.
- Expressão plástica.
- Expressão musical.
- Uso e conhecimento das linguagens.
- Expressão matemática.
  Os conteúdos que fazem referência a esse bloco tratam de todos os itens, com exceção do segundo.

5

O Acolhimento da Criança na Escola. Planejamento da Ação Tutorial na Educação Infantil

Ramona González Soler
Immaculada Dorio

A ação tutorial é vista como um trabalho paralelo e simultâneo ao trabalho docente. É um elemento inerente à atividade educativa e tem como finalidade máxima zelar pela otimização do processo educativo seguido pela criança e/ou pelo grupo de alunos.

Na educação infantil, chegar a essa otimização implica, por um lado, o planejamento das tarefas tutoriais de acordo com o projeto educativo da escola e, por outro, o trabalho inter-relacionado do professor-tutor com a escola, com as crianças, com a família e com as organizações e instituições ligadas à escola a fim de contextualizar e personalizar a ação ao máximo.

A ação tutorial, importante em todo o processo educativo, adquire dimensões diferentes em função dos períodos educativos concretos e em função de sua própria finalidade de intervenção. Assim, em função da finalidade, pode ser:

- *Preventiva*: quando se trabalha sobre aspectos que podem, com o tempo, causar problemas no processo educativo.

Artigo publicado em *Guix. Elements d'Acció Educativa*, n. 199, p. 11-15, mayo 1994.

- *De diagnóstico*: quando se trata de detectar e identificar as necessidades individuais ou grupais que as crianças apresentem e a intervenção se torna necessária.
- *De acompanhamento*: quando se pretende observar a evolução de um fato mediante a ação tutorial.
- *Compensatória*: quando se trata de trabalhar a diversidade.

Na educação infantil, os núcleos de atividades de ação tutorial, da perspectiva da prática docente, deveriam incidir nos seguintes âmbitos:

- Acolhimento e integração dos alunos e de suas famílias na escola.
- Desenvolvimento pessoal e adaptação escolar da criança.
- Aquisição de hábitos de higiene, de trabalho, de comunicação e de convivência.
- Sociabilização da criança.
- Aspectos de organização e de funcionamento da sala de aula.
- Interiorização das aprendizagens básicas da etapa.
- Integração e participação da família na escola.
- Tarefas de avaliação.

Como já dissemos, a adaptação e o acolhimento das crianças e de suas famílias na escola é uma das áreas de trabalho da ação tutorial. No início do curso, a escola se depara com um grupo de crianças que iniciam ou continuam seu processo de aprendizagem em um contexto completamente novo e diferente para eles. Representa uma mudança global de pessoas, tarefas, responsabilidades, colegas, espaços, etc., que determinarão neles um período de incertezas e de insegurança. Assim como as crianças, suas famílias também viverão tal atmosfera até que vejam seus filhos tranqüilos, contentes e descontraídos.

Dessa forma, deve existir todo um trabalho de acompanhamento por parte dos professores a fim de conseguir uma adaptação progressiva e ótima das crianças à escola, já que isso pode determinar o êxito em suas aprendizagens posteriores.

Neste capítulo, elaboramos uma proposta de ação tutorial orientada à facilitação da adaptação progressiva das crianças à escola.

PLANEJAMENTO DA AÇÃO TUTORIAL

Todo modelo de ação tutorial de planejamento para a organização da ação tutorial deveria ser *cíclico*, *aberto*, *flexível* e *contextualizado*. Partindo desses requisitos, apresenta-se a seguir um modelo que consta de duas fases diferenciadas, ao mesmo tempo seqüenciais e relacionadas entre si (ver Quadro 5.1).

Primeira fase: fase pré-ativa

Essa fase representa, por um lado, um processo de reflexão inicial e contínua que implica, a partir de um contexto, uma tomada de consciência, uma motivação sobre a temática e a identificação das necessidades. Por outro lado, implica o planejamento da ação, indicando o objetivo (ou os objetivos) que se pretende alcançar, os conteúdos que se deve trabalhar na ação tutorial (a curto e a longo prazo) e os recursos e a avaliação geral.

Deve-se levar em conta que a reflexão inicial, assim como a reflexão contínua própria do processo, possibilita que a ação se ajuste à prática sem restringir, em absoluto, o modelo.

Segunda fase: fase ativa

Essa fase determinará a concretização da ação que deveremos implementar no âmbito escolar e a orientação que deverá ter em relação ao grupo e/ou indivíduo, à família e/ou escola. Entretanto, o processo que se deverá seguir será concretizado determinando-se as atividades que deverão ser realizadas. O mesmo ocorrerá com a distribuição de funções (intervenção, coordenação, cooperação, etc.), com os recursos necessários, com o local em que se desenvolverá a ação e com o tempo (indicando se será pontual, a curto ou a longo prazo). Também se deverá detalhar a função da própria ação tutorial.

Outro aspecto importante que se deverá considerar é a avaliação, que deveria incluir tanto a avaliação formativa, acompanhamento de todo o processo, como a avaliação cumulativa, que servirá de retroalimentação para o desenvolvimento da eficácia do processo, indicando-nos as possíveis orientações para sua modificação, se for necessário, e sua melhora.

Quadro 5.1 O acolhimento da criança na escola: planejamento da ação tutorial na educação infantil

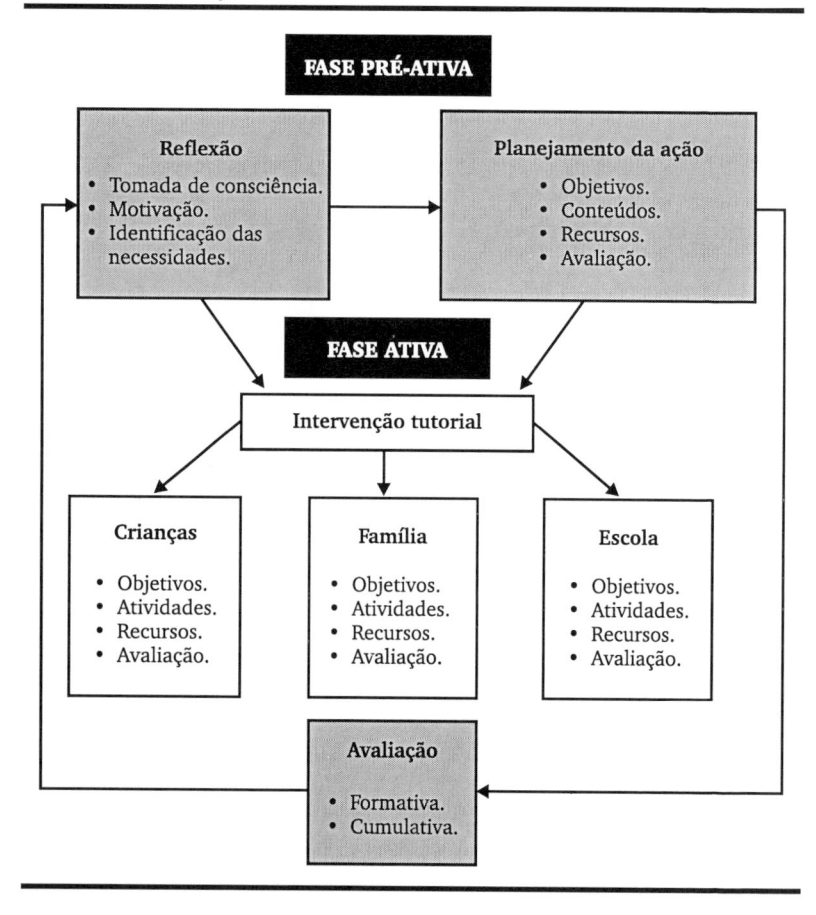

FASE PRÉ-ATIVA

Reflexão
- Tomada de consciência.
- Motivação.
- Identificação das necessidades.

Planejamento da ação
- Objetivos.
- Conteúdos.
- Recursos.
- Avaliação.

FASE ATIVA

Intervenção tutorial

Crianças
- Objetivos.
- Atividades.
- Recursos.
- Avaliação.

Família
- Objetivos.
- Atividades.
- Recursos.
- Avaliação.

Escola
- Objetivos.
- Atividades.
- Recursos.
- Avaliação.

Avaliação
- Formativa.
- Cumulativa.

NÚCLEOS DE ATIVIDADES EM EDUCAÇÃO INFANTIL

Mencionamos anteriormente os diferentes núcleos de atividades de ação tutorial nos quais se deveria incidir na educação infantil. Entre eles, apresentaremos o que faz referência *ao acolhimento e à integração dos alunos*, considerando três aspectos: a quem são orientados, as atividades concretas que se deverá realizar e a adequação à idade. A finalidade que se persegue é apresentar uma proposta de atividade de ação tutorial concretizada dentro do núcleo citado.

Como se pode observar no Quadro 5.2, são múltiplas as atividades que configuram esse núcleo. Mas não existe uma ordem de prioridade entre elas. Deve-se considerar que a situação particular do contexto escolar, no qual se pretende implementar a ação tutorial, pode ser um dos condicionantes que leve a abordar o núcleo em toda sua globalidade ou a escolher a atividade (ou atividades) cuja resposta seja mais adequada às necessidades da criança, de sua família e/ou escola.

PROPOSTA DE ATIVIDADE DE AÇÃO TUTORIAL

Partindo do modelo de organização da ação tutorial e do núcleo de atividades exposto, a atividade que abordaremos fará referência às orientações que se deve desenvolver na escola para propor às famílias a participação no processo de integração na sala de aula, a fim de facilitar a transição casa-escola que a criança deve realizar e a conscientização da importância que tem o fato de prever uma organização que permita a incorporação da pessoa à escola.

A atividade é estruturada dentro da fase ativa do modelo de organização de ação tutorial proposto. É nesse momento que se deve concretizar a intervenção, estabelecendo:

- A quem é dirigida.
- O que se pretende.
- Quando se deve realizar.
- Como se deve realizar.
- Quais são as atividades concretas.
- De que recursos se dispõe.
- Como se avaliará.

Nesta atividade, os objetivos que se pretende trabalhar são:

- Conseguir a colaboração ativa da família na passagem casa/escola que a criança deve realizar.
- Conscientizar a família da importância de estabelecer uma gradação na integração à escola que permita uma incorporação progressiva.
- Estabelecer os nexos de união que possibilitem uma comunicação dinâmica entre os pais e os educadores.

Quadro 5.2 Acolhimento e integração dos alunos

Orientadas a	Atividades	Idade
1. Integração dos pais à escola.	• Apresentação do tutor e do pessoal auxiliar.	0-6 anos
	• Entrevista personalizada família-tutor para falar: – Do processo de integração à escola. – Das expectativas da família. – Do processo.	0-6 anos
	• Solicitação a pais e mães do máximo de informação sobre os aspectos: – Fisiológicos. – Psicológicos. – Evolutivos. – Familiares. – Do ambiente.	0-6 anos
	• Informação aos pais sobre a constituição da sala de aula: – Colegas. – Atividades. – Programação	0-6 anos
	• Proposta às famílias de participar no processo de integração à sala de aula para facilitar a transição casa-escola.	De acordo com a idade.
2. Acolhimento e integração dos alunos.	• Conhecimento da escola: – Nossa escola. – Dependências e serviços. – Estrutura da organização. – Nossa sala de aula.	De acordo com a idade.
	• Conhecimento do pessoal docente e auxiliar: – Informação de suas funções (cozinheiro, monitor de refeitório, etc.).	De acordo com a idade.
	• Conhecimento dos colegas: – Global ou de forma progressiva.	De acordo com a idade.
	• Planejamento de atividades motivadoras no primeiro dia de aula.	De acordo com a idade.
3. A coordenação dos elementos humanos da escola.	• Coordenação ideológica das maneiras de fazer para implementar o núcleo de atividades. • Coordenação de professores e auxiliares para preparar o acolhimento e a integração dos alunos. • Compromisso por parte de todo o pessoal de participar nessa integração.	

Quadro 5.3 Conteúdos da ação tutorial

FATOS/ CONCEITOS	• A reunião com a família para conscientizá-la da necessidade de estabelecer um horário progressivo para a integração da criança na escola. • A reunião como veículo de comunicação dinâmica.

	Tutores	Pais
PROCEDIMENTOS	• Estruturação e organização da reunião coletiva. • Coordenação da reunião.	• Formulação de perguntas sobre a organização da escola. • Compreensão por parte dos pais da finalidade da escola para implementar esse trabalho.

	Tutores	Pais
ATITUDES	• Atitude compreensiva diante da angústia dos pais pela transição casa-escola. • Compreensão diante das famílias que se opõem à estratégia de adaptação.	• Interesse pela situação exposta. • Auto-reflexão. • Atitudes de cooperação com as propostas da escola.

SEQÜÊNCIA DE ATIVIDADE	• Apresentação da equipe escolar. • Explicação da importância dos pais no processo progressivo de adaptação. • Participação dos pais no tema. • Contato inicial com o educador.
TEMPO E LOCAL	• Primeira semana de março. • Sala de conferências da escola.
GRUPO	• Todas as famílias que levam a criança pela primeira vez à escola.
AVALIAÇÃO	• Observação constante da ação geral do grupo. • Nível de participação. • Análise das demandas realizadas em função do processo de adaptação voltado às crianças.

A atividade será dirigida e orientada às famílias, sem perder de vista que se trata de um âmbito de trabalho que deve ser observado em conjunto com a criança e a escola, evitando, assim, o período de angústia que a criança vive quando tem de se integrar em um ambiente novo para ela. A atividade tem um caráter preventivo.

O Quadro 5.3 reflete a concretização dos conteúdos da ação tutorial. Nele especificam-se, além disso, o tempo e a avaliação.

Finalmente, deve-se destacar que os recursos mais adequados para realizar da melhor maneira possível a atividade proposta devem ser orientados em duas vertentes:

1. Em função do desenvolvimento próprio da atividade e dirigidos a trazer informação paralela à reunião. Entre esses recursos, cabe citar os seguintes:
   - Programas de acolhimento (elaborados previamente pela escola).
   - Vídeos sobre a escola e o processo de adaptação progressiva que se segue nela.
   - Questionários.
2. Em função da avaliação da própria ação tutorial programada a fim de determinar sua eficácia e encerrar o ciclo proposto no modelo de organização da ação tutorial. Neste caso, seriam utilizados:
   - Anotações de campo.
   - Registros de casos.
   - Registros sistemáticos de observação.

REFERÊNCIAS BIBLIOGRÁFICAS

CAPELLA, T. et al. (1992): *Fichas de tutoría*. Madrid. Diseño Editorial.

ESTREMS, N.; LLADÓ, C. (1991): *La practica de la tutoria a l'escola*. Barcelona. Barcanova.

LÁZARO, A.; ASENSI, J. (1987): *Manual de orientación escolar y tutoría*. Madrid. Narcea.

MEC (1990): *Orientación educativa e interoención psicopedagógica*. Madrid. MEC.

MEC (1992): *Orientación y tutoría en primaria*. Madrid. MEC.

MORE, T. (1993): *Treball d'acció tutorial*. Barcelona. Documento policopiado.

6

Juntar-se para Falar
María Carmen Díez

Juntar-se para falar é um dos atos mais característicos e saudáveis que ocorrem entre as pessoas. Contudo, neste tempo de urgências, de "eficácia", de "passar", está se convertendo em um costume frágil e quase em risco de extinção.

Pensemos por um instante nesses grandes grupos de adolescentes que balançam ao ritmo de uma pulsação musical que não precisa de palavras: nessas conversas feitas à base de tópicos, nas quais não se transmite quase nada; nesse "pisar em ovos" para não despertar nenhum conflito e, assim, não ter de resolvê-lo ou de verbalizá-lo. Nesses raros momentos de encontro familiar, envolvidos pelas palavras televisivas e distantes de outros. Nessas frases odiosas que invadem a linguagem cotidiana: "Não me conte sua vida", "Me esqueça", "Isso não é problema meu"; nesses telefones móveis que acompanham as pessoas, dando-lhes uma aparência de presença constante e consoladora...

Estamos, pois, caminhando a passos largos para uma séria contradição: na era da comunicação por excelência, estamos nos calando, escondendo-nos, isolando-nos e não ouvindo ou valorizando nem o que nós teríamos de dizer, nem o que os outros teriam de dizer, e que, seguramente, nos ajudaria a viver.

Creio que esse fenômeno de não dizer e não se dizer, não pensar e não se pensar terá conseqüências regressivas para as pessoas, e que seria importante fazer um esforço coletivo para reencontrar o

---

Artigo publicado em *Aula de Innovación Educativa*, n. 73-74, p. 61-63, julio/agosto 1998.

sentido de "juntar-se para falar", a qual nos referíamos no início, e que nos levaria a ter uma existência mais tranqüila, mais equilibrada e mais próxima dos outros. Ou seja, a estabelecer uma consonância maior entre o nosso mundo interior e a reduzida ponta do *iceberg* que deixamos exposta.

Há algum tempo, li um pequeno escrito sobre os porcos-espinhos, original de Schopenhauer, que foi particularmente significativo para mim. Tomo o texto de um artigo de Adrián Buzzaqui, que utiliza a parábola para ilustrar a problemática dos grupos.

> Os porcos-espinhos, que andam sempre em grupos, têm de resolver um problema complexo: qual é a distância em que podem estar juntos, suficientemente próximos, mas não o bastante para se ferirem entre si com suas pontas?
>
> Os porcos-espinhos precisam aproximar-se para se aquecerem mutuamente (vivem em lugares frios), mas não podem aproximar-se demais, pois machucariam-se com suas pontas (podendo, eventualmente até morrer). Em algum sentido, trata-se de viver com um pouco de frio, de viver com algumas feridas...
>
> Resolver o problema significa encontrar a distância justa, ótima entre o calor necessário para viver e a menor dor possível. Por outro lado, é preciso considerar que não é uma situação estática; os porcos-espinhos se movem, e, portanto, a distância que mencionamos como ideal transforma-se continuamente. O equilíbrio obtido é, em si mesmo, instável, já que será intermitentemente perturbado pelo movimento de um ou outro porco-espinho.
>
> Essa situação permanente, perto, longe, perto, longe; esse movimento que os porcos-espinhos ilustram (daí a idéia de parábola) esboça toda a questão grupal: ou seja, a dialética conflituosa entre o singular e o coletivo e, mais ainda, entre o individual e o social. O movimento de qualquer um dos porcos-espinhos provoca, quase inevitavelmente, movimento nos demais, para estabelecer o equilíbrio, a homeostase conseguida, sem calor (ou dano) e sem frio. Essa situação, que como tal é permanente, estrutural, resume e sintetiza a dinâmica fundamental do coletivo e do grupal. O campo grupal, os grupos, qualquer que seja sua forma, intenção, desenvolvimento, existem dentro dessa dialética, e é aí que alcançam (ou não) seus propósitos.

Diariamente, tenho a oportunidade de presenciar o exame cuidadoso que as crianças realizam, aproximando-se e afastando-se umas das outras até encontrar o seu lugar e sua maneira particular de estabelecer relação. Buscar um lugar com identidade própria, com direito ao respeito dos outros, com a possibilidade e a liberdade tanto de estar em grupo como de estar sós.

Nesse difícil começo, não apenas precisam de uma ajuda externa, dessa lei e contenção que lhes dará segurança (a moral heterônoma, da qual falava Piaget), como também precisam, imprescindivelmente, de uma construção pessoal, de uma longa trajetória de provas que lhes dará acesso à moral autônoma, que orientará a vida de relação com os outros. E para essa construção-constituição da moral é preciso toda uma aprendizagem (como ocorria com os porcos-espinhos...). Conseguir a distância quase ideal, sempre inacabada, esse equilíbrio instável, essa aceitação das dúvidas, da mudança incessante, será penoso e exigirá nossa companhia, nossa tolerância e nossa boa vontade.

Há pouco tempo, Eduardo e Jorge (de quatro anos) disputavam uma roda no pátio, dando puxões nela com todas as suas forças. Eduardo, vendo que não conseguia a roda, agarrou Jorge pelo casaco e começou a chacoalhá-lo, enquanto dizia aos gritos: "Tem que repartir! Tem que repartir! Você não sabia?".

Nesse exemplo, vemos claramente que em Eduardo a moral ainda é heterônoma: ouviu falar, mas usa essas palavras ainda de acordo com seu interesse, partindo do momento narcisista que vive. Naturalmente, não interiorizou, nem entendeu a mensagem recebida de algum dos bem-intencionados adultos que o rodeiam.

Com isso, estou querendo dizer que não valem as frases, os sermões ou as lições de moral. Para as crianças de pouca idade, o que conta é o prazer, seu prazer, seu desejo, seu bem-estar..., e só avançarão – muito lentamente – à medida que perceberem com clareza que o colega é "outro" como ele (ou parecido), e o que não desejam para si mesmos não devem querer para os demais. Ou quando preferem ceder "em seus direitos" ou gostos para estar bem com o outro, o amigo, aquele que começa a admirar ou a gostar... É uma "lógica" simples, sim, e bastante primitiva, mas é assim que se começa, pelo "princípio".

Por sorte, os ritmos de maturidade são muito variados e, assim, as crianças podem aprender umas com as outras, vendo-se reagir diante do que ocorre, ouvindo-se opinar, observando-se...

Como adultos, a intervenção mais oportuna, em minha opinião, seria, em primeiro lugar, valorizar explícita e praticamente o estar com outros e falar do que se sente, do que se pensa e se deseja e depois simplesmente dar alguma ferramenta sobre como fazer isso, até que se torne um costume, até que não possa passar sem isso.

Os pais de uma aluna de cinco anos, Maria, comentavam comigo que ela lhes dizia às vezes: "Sentem-se, vamos falar sobre o que está acontecendo" e que notavam que essa forma clara de abordar os assuntos estava fazendo bem a todos eles. Mais do que dar lições, moralizar ou doutrinar, falemos!

Hoje em dia, em minha sala de aula, falamos bastante. O falar medeia o trabalho, as confusões que se armam com freqüência, os carinhos, as idéias, a vida grupal. Porém, não tenho a sensação de que aquilo seja uma "assembléia permanente". Há um tempo para cada coisa e, embora falar tenha certas prioridades, também tem certos limites. Creio que é preciso dar espaço e oportunidade para que eles próprios solucionem seus assuntos, além do que nem sempre todo o grupo está envolvido ou interessado. Outro motivo é a privacidade que também deve haver em seus jogos e conversas. Outro é o risco do abuso de falar sempre em um grupo grande (pois há aqueles que ficam à margem por serem mais retraídos), e outro ainda é que o adulto nem sempre deve intervir no movimento relacional do grupo.

Fazemos várias aulas de assembléias: as das segundas-feiras, para contar o que fizemos no fim de semana; as de "notícias", para contar coisas que nos aconteceram e que queremos comunicar; as dos sonhos, quando há "demanda"; as dos projetos de trabalho; as de falar da família; as de comentar uma excursão, uma festa, uma sessão de oficinas ou de psicomotricidade; as de falar de algum conflito ou de alguma mudança que alguém quer assinalar.

Algumas assembléias são estáveis; outras, não. Algumas são longas e "tensas". Outras não duram nem cinco minutos. Em algumas, peço-lhes que todos falem, muito ou pouco. Em outras, falam apenas os que querem, para evitar estereótipos ou cansaço e, além disso, porque as circunstâncias são tão variadas que é melhor seguir o ritmo da vida que vai transcorrendo. No momento, eu modero as assembléias, e também intervenho, embora com parcimônia, para não influenciar mais do que o necessário.

Também costumamos falar um pouco na hora do lanche, antes da história. É uma hora boa, tranqüila, informal, e se fala à vontade, sem obrigações nem pressa. Como não é fixa, só se fala quando há algo para dizer e, às vezes, basta um suspiro, como em uma tarde, quando a aluna, Nina, disse: "Ai, como estou bem aqui sentada entre meu namorado David e minha amiga Ana!". Com uma coisa assim, realmente, termina-se bem o dia.

ALGUNS "MOMENTOS DE DEBATE"

Marcos andou brigando com muitos no pátio e, ao entrar, queixaram-se ruidosamente.
Pergunto a ele:
– Por que você está brigando hoje?
E se cala. Os outros respondem por ele:
– Pode estar nervoso.
– Devem ter pisado no que ele fez na areia.
– Deve ter caído.
– Devem ter batido nele.
– Ou gritado com ele.
Ele continua calado.
Peço-lhe por favor, que responda porque o que ele está sentindo *não podemos saber se não disser*. Então, responde:
– É que eu perdi meu Batman.
– Pois devia ter dito! – responde Julia rapidamente.
– Sim, Marcos; se você tivesse dito, todos teríamos ajudado a procurá-lo. Mas calar-se, como você vê, não é a melhor maneira. Da próxima vez, *diga o que está lhe acontecendo*.
Ficamos nisso: veremos se pode ir "falando" um pouco sobre os aborrecimentos, em vez de agir.

Ao meio-dia, Beatriz se queixou: "Uns meninos me molestaram, e me baixaram as calças". Estava um pouco angustiada. Várias outras meninas a acompanhavam e se "condoíam" com ela. Não sabia quem eram eles e lhes pedi que verificassem. À tarde, vêm todas em comitiva avisar que aquilo estava acontecendo de novo.
Saímos para o pátio e elas procuram os meninos que estavam assustando Beatriz. Sentamo-nos para falar do assunto, os espectadores nos rodeiam. Beatriz expõe sua queixa; os "acusados" se calam ou negam. Por meio de perguntas como as que se seguem e outras, tiramos uma conclusão geral rápida.
– E ela queria que vocês a vissem ou não?
– Vocês pediram permissão a ela?
– Gostariam que isso acontecesse com vocês?
– Se um quer ver o outro sem roupa, não tem problema, mas o outro tem de querer também. Tem de perguntar a ele, se não, não pode ser.

> Hoje, Raul chegou muito indignado porque, segundo conta, ontem Pedro lhe disse "o que não era". Ele lhe deixou um pingente de um duende "por um dia", e Pedro disse que não lembra se está com ele ou não; que às vezes abre um baú de sua casa e está, e outras não está...
> Pedro não responde às perguntas que lhe fazemos, nem diante do grupo, nem comigo depois; desse modo... a situação fica bastante irresoluta. Raul não compreende, e se aborrece toda vez que se lembra. À tarde nos diz: "Decidi que não vou com o Pedro, porque isso de dizer o que não é, eu não gosto".

> Estamos falando sobre as plantas medicinais, e Lúcia comenta:
> – Pois tem um aqui que tem de tomar chá de tília.
> – Ah, sim? E por quê?
> – Porque arma confusão e guerra.
> – Minha mãe diz que eu dou guerra em casa, porque pego minha irmã quando vejo ela sozinha.
> – A guerra não se dá; na guerra o que acontece é que todos querem ganhar e mandar, o que eu sei muito bem.
> – Nós também...
> – Eu não quero a guerra, quero paz, porque se jogam uma bomba atômica, pode chegar até aqui o pó, a fumaça e tudo mais.
> – Ah, não, isso não, pois então sofreríamos!
> – Vai ficar tarde para a gente comer – disse nesse momento um dos possíveis candidatos ao comentário de Lúcia.
> – Ainda tem tempo, não se preocupe. Vamos falar um pouco? – perguntei.
> Vários disseram que sim, porque, como comentou Olga, "com essas confusões não se pode brincar". E dessa maneira começou a "Assembléia do Chá de Tília", que foi para mim uma revelação do clima no qual vivia o grupo.
> – O tumulto é por causa desse! – apontou Lúcia.
> – Sim, porque bate, empurra e diz "bobagens".
> – E se brincamos de estátua, faz trapaça.
> – E se é de mamães e papais, pede para ser o cachorro ou o bebê, para se fazer de louco e molestar.
> – A mim ele empurrou e, quando caí, me deu um chute.
> – Não é verdade! Eu empurro, mas chutes não dou.
> – E chama todos de tontos.
> – Bem, também diz coisas engraçadas, que me fazem rir.
> – Sim, é engraçado – concordei.
> – Pois a mim diz: "Você não brinca, porque eu é que digo, que sou o mais forte e mando".
> – E tudo isso é verdade? – perguntei-lhe diretamente.
> Então abaixou a cabeça, disse que sim, e chorou.
> Ao vê-lo tão abalado, outros quatro ou cinco choraram, e os outros ficaram bastante angustiados (incluída eu mesma, que não sabia no que ia dar aquele conflito que os mobilizava tanto).

(Continua)

(Continuação)

Há uma tensa emoção no ambiente. Ele não parava de chorar. Intervenho para dizer-lhe: "Veja o que está acontecendo; todos estão preocupados com você, querem bem você, mas se queixam das coisas que faz que eles não gostam. Eu também não gosto, embora goste muito de você. Bem, o que você diz?"

Continuou calado. Alguém comentou: "Ah, quem sabe ele toma jeito agora...!" Depois de outro silêncio e de alguns suspiros, o protagonista da conversa disse: "Eu não vou mais fazer tudo isso". E todos aplaudiram, aliviados.

Uma pequena pausa nos permitiu saborear a tranqüilidade que dá "pôr os pingos nos is", mas durou pouco, porque Olga, após minha contundente declaração de apoio ao colega, quis comprovar se ela também tinha um bom lugar em meus afetos, e me perguntou: "E você, de quem gosta mais aqui?"

Vendo que a pergunta era totalmente séria, e que falava como porta-voz, captando o sentimento dos demais, dispus-me a responder, calibrando cada sílaba, e em meio a um silêncio impressionante:

– Pois olhe, a verdade é que eu gosto de todos, e bastante, cada um por suas coisas, mas também há coisas que eu não gosto.

Aqui seguiu-se uma longa fileira de virtudes de cada um, recitadas por mim, e muito bem recebidas por eles.

E finalmente chegou a hora de comer, que transcorreu muito alegremente, depois dos intensos momentos vividos.

ENSINO FUNDAMENTAL

7

A Dinâmica de Grupos na Ação Tutorial

Ascen Díez de Ulzurrun
Agustí Masegosa

Educar na diversidade comporta mudanças no papel que devem desempenhar os tutores.

A experiência que apresentamos é voltada à formação integral do indivíduo. Centrando-se mais na criança, proporciona-lhe os meios para ajudá-la a amadurecer nos conteúdos que devem ser assimilados.

É no âmbito dos aspectos emocionais que se enquadra nossa contribuição. Tais aspectos nos permitem conhecer o comportamento dos alunos, a imagem que têm de si mesmos, como se comunicam, as habilidades sociais que foram incorporarando, etc. Aspectos muitas vezes trabalhados pelos tutores sem uma cuidadosa sistematização.

Os processos de ensino-aprendizagem nas escolas realizam-se dentro de um contexto social, em grupo de iguais. Ter um determinado número de alunos agrupados em uma sala de aula não é suficiente para constituir um grupo. Este deve ser formado para que, ao longo do tempo, converta-se em *Grupo*. Uma das principais tarefas de um tutor é encontrar a maneira de favorecer o processo de passar de agrupamento a *Grupo*.

Artigo publicado em *Guix. Elements d'Acció Educativa*, n. 199, p. 21-24, mayo 1994.

A afetividade e as relações sociais são traços comuns à maioria das definições que diferentes disciplinas acadêmicas (psicologia, pedagogia, sociologia) atribuem ao conceito de *Grupo*.

O tutor deve zelar pelas interações sociais (tanto as de trabalho como as de relação) que se dão no grupo de alunos para estabelecer, reestruturar e modificar, se for preciso, as condições necessárias para favorecer o processo de ensino-aprendizagem.

O fato de viver em grupo implica, para as crianças, uma série de experiências que enriquecem sua bagagem pessoal e social.

Devem-se estimular a comunicação e a participação ativa de todos os membros e, ao mesmo tempo, centrar-se em cada indivíduo como um ser único com capacidade para colaborar e para ajudar os demais.

As técnicas de grupo ajudam no tratamento da diversidade, já que permitem favorecer o trato individualizado de ritmos evolutivos que incidem no desenvolvimento da personalidade, independência e iniciativa, dando ênfase aos aspectos de responsabilidade e colaboração, em vez de fazê-lo nos aspectos de competitividade.

É necessário adotar, como tutor, uma atitude preventiva pró-ativa para detectar os impedimentos que possam dificultar o sempre necessário clima de confiança e auto-estima, imprescindível para poder aprender e avançar tomando decisões nos âmbitos organizacionais e relacionais.

Portanto, acreditamos que é prioritário e função do tutor unir o grupo a fim de que seus membros, sentido-se acolhidos, desenvolvam *papéis* de cooperação em relação aos demais e, ao mesmo tempo, se favoreça seu trabalho.

O tutor deve ser um membro a mais da sala de aula, aberto, sugestivo, entusiasta e atento às propostas e às relações que se estabeleçam entre seus membros.

Não podemos esquecer que o tutor é o responsável máximo por propiciar um clima de comunicação efetiva, favorecendo a interação com o grupo e dentro dele.

Deve-se tender para a tutoria que consegue estabelecer uma relação de compreensão, mas sem deixar-se levar pelo grupo, que sabe ouvir e fazer participar, que ensina a tomar decisões, propõe objetivos e favorece que o grupo os assuma. Em suma, aquela que estimula e orienta, estimula o espírito crítico e a iniciativa de seus alunos.

É tarefa indispensável da tutoria converter as relações, citadas no Quadro 7.1, em verdadeiras situações de aprendizagem que ajudem os alunos em seu desenvolvimento pessoal.

Quadro 7.1

```
        ┌─────────────────────────────┐
        │  Cooperação-competitividade │
        └─────────────────────────────┘
                      │
┌──────────────┐  ┌─────────────┐  ┌────────────────────┐
│  Resolução   │──│ VIVER EM    │──│ Tomada de decisões │
│ de conflitos │  │  GRUPO      │  │                    │
└──────────────┘  └─────────────┘  └────────────────────┘
                      │
        ┌─────────────────────────────┐
        │    Respeito e tolerância    │
        └─────────────────────────────┘
```

O fato de intervir para facilitar a transformação de alguns indivíduos em grupo eficiente pode constituir uma diferença significativa na vida dos membros desse agrupamento. Pode dar lugar para que se melhore desde o rendimento acadêmico até as relações interpessoais.

Em grupo, o aluno aprende, ouvindo, a relacionar suas opiniões com as dos demais, a admitir que há quem pense de modo diferente e que é necessário, mediante a troca de vivências, chegar a objetivos comuns.

Evidentemente, não é nada fácil o trabalho de realizar um trabalho sistemático de caráter socializador na sala de aula. O conhecimento, por parte da tutoria, das técnicas de grupo e sua aplicação na sala de aula são um meio útil para conseguir priorizar o valor de aprendizagem intrínseco a qualquer experiência de grupo e tender, assim, a uma educação globalizadora.

PLANO DE TRABALHO

Como proposta, apresentamos três exemplos de atividades de dinâmica de grupos, destinadas a crianças das primeiras séries e pensadas para realizá-las no tempo de tutoria (ver Quadro 7.2).

Estes exemplos fazem parte de uma experiência que estamos desenvolvendo em todos os níveis educativos, seguindo uma progressão cíclica.

Quadro 7.2 Plano de trabalho

PRIMEIRAS SÉRIES		
Objetivo: *Favorecer o conhecimento pessoal e fortalecer o grupo.*		
Conhecimento de si mesmo "Verde, amarelo e vermelho"	Descobrir os outros "O semáforo"	Favorecer a comunicação "A dança"

Partimos da idéia de que os grupos, assim como os alunos, passam por diferentes fases de desenvolvimento e que em cada uma delas é preciso promover diferentes atitudes e habilidades que não ocorrem espontaneamente. O tutor deve ajudar o grupo nesse processo.

A metodologia que é preciso utilizar para executar tais atividades é experimental: fundamenta-se no desenvolvimento de experiências e vivências pessoais. A criança converte-se em emissor e receptor ao mesmo tempo. O centro de atenção situa-se no grupo, e não no tutor ou na tutora, embora seu papel, como dissemos anteriormente, seja muito importante. De sua atitude e intervenção dependerá, em grande medida, a eficácia das atividades.

Como conclusão, pudemos constatar que, muitas vezes, deparamo-nos nas salas de aula com alunos que não acompanham o currículo, que têm um ambiente pouco motivador, que apresentam carências afetivas, etc. Porém, esses mesmos alunos, quando se sentem à vontade no grupo, quando se vêem acolhidos, compreendidos e queridos pelos professores e pelos companheiros, podem adquirir as aprendizagens com mais êxito.

Só nos falta fazer um convite expresso para pôr em prática tais atividades no exercício de seu trabalho como docentes.

ATIVIDADES

"Verde, amarelo e vermelho"

- *Objetivo*: Refletir sobre o conhecimento e a estima que qualquer um pode ter sobre si mesmo e a opinião que os outros têm dele ou dela.
- *Desenvolvimento*: antes de cada criança preencher a ficha-modelo (ver Quadro 7.4) com a ajuda de seu professor, este

Quadro 7.3 Conto e perguntas

A rã e o boi

Uma rã viu um boi e o achou muito bonito.
– Como é grande! – dizia – Como é grande! E eu, em compensação, tão pequena! Que mal eu fiz! Como gostaria de ser tão grande como o boi!
Então a rã passou a comer muito para ficar grande como o boi. Nem sempre tinha fome, mas continuava comendo e dizia à sua irmãzinha rã:
– Olha, irmã, olha se estou crescendo; olha se estou ficando grande como o boi!
– Oh, não! Você ainda não é tão grande como o boi!
A rãzinha comeu mais ainda e engordou um pouco mais; e quase não podia saltar.
– Olha agora para ver se estou tão grande como o boi!
– Ih, não! Você não é tão grande como o boi. É muito menor. Nunca será tão grande como o boi.
Mas a rãzinha queria ser tão grande como o boi. Pôs-se a comer ainda mais grama e mais moscas e tudo o que encontrava para comer. Estava engordando, e sua irmãzinha rã zombava dela.
– Por mais que você coma nunca será tão grande como o boi! Você é uma rã! Para que quer ser tão grande como o boi? Você é tão graciosa, tão miúda! Se fosse grande como o boi, seria feia e não poderia saltar pela grama, nem esconder-se entre as folhas ou entre as canas quando quisessem pegá-la.
Mas a rã não fazia caso de sua irmã. Continuava comendo. E sabem o que aconteceu? Comeu demais, ficou doente e morreu.
(Adaptação e tradução para o espanhol do livro de Sara C. Bryant: *Com explicar contes*. Barcelona. Nadal, 1985, p. 143-144.)

Perguntas para trabalhar oralmente em classe:
- Como era a rã?
- Como era o boi?
- A rã se conhecia? Por quê? Gostava de si mesma? Estava contente de ser como era?
- Sua irmã a conhecia?
- Sua irmã gostava dela?

contará uma história, fazendo em seguida uma série de perguntas orais ao grupo que ajudem a refletir sobre o conteúdo do conto (Quadro 7.3).

- *Material*:
  - Fotocópia de ficha que as crianças têm de preencher (Quadro 7.4).
  - Adesivos verdes, amarelos e vermelhos.

Quadro 7.4 Ficha do aluno(a)

Verde, amarelo e vermelho

Nome: ....
Data: ....

Com a ajuda do tutor, responda às perguntas colocando:
- Um adesivo verde se a resposta for *muito*.
- Um adesivo amarelo se a resposta for *um pouco*.
- Um adesivo vermelho se a resposta for *nada*.

Perguntas:
1. Eu conheço a mim mesmo(a)?
2. Eu gosto de mim mesmo(a)?
3. Meus amigos me conhecem?
4. Meus amigos gostam de mim?
5. Meus pais me conhecem?
6. Meus pais gostam de mim?
7. Meus professores me conhecem?
8. Meus professores gostam de mim?

- *Avaliação*:
  - Observar a atenção das crianças enquanto ouvem o conto.
  - Fixar-se no interesse na hora de responder às perguntas sobre o conto e no momento de preencher a ficha.
- *Sugestões*: Depois que o tutor tiver lido o que as crianças escreveram na ficha, é interessante comentar suas respostas, seja de forma grupal ou de forma individual, especialmente nos casos em que julgar oportuno.

Perguntas orientadoras:

- Por que pôs este adesivo nesta pergunta?
- Lembra algum fato concreto no qual pudesse ver isto? (que você conhece, gosta...).

Especialmente quando os adesivos forem verdes, deve-se tentar dar ao aluno exemplos concretos de coisas positivas que eles tenham ou façam.

"O semáforo"

- *Objetivos*: Conhecer as opiniões e a maneira de pensar dos colegas e das colegas.
- *Desenvolvimento*: Todos alunos se colocam em círculo sentados em cadeiras. Em cada mão, seguram um bastão com um círculo de papel feito por eles enganchado em seu extremo. Em um dos bastões o círculo é verde, e no outro, vermelho. O professor vai fazendo uma série de perguntas (Quadro 7.5) aos alunos; se estes acham que a resposta é afirmativa, levantarão o bastão que tem o círculo verde; se acharem que a resposta é negativa, levantarão o bastão que tem o círculo vermelho.

  Antes de começar, recomenda-se aos alunos que se fixem na resposta dos colegas.

  Quando acharmos que já perguntamos coisas suficientes, recomendamos a eles que, a partir de agora, pedindo a palavra, poderão perguntar aos colegas o porquê de algumas de suas respostas. Por exemplo: – Maria, por que você quer que todo mundo faça a sua vontade?
- *Material*:
  - Dois bastões para cada aluno.
  - Cartolina ou papel brilhante vermelho e verde.
  - Tesouras.

Quadro 7.5 Perguntas possíveis para conhecer os colegas.

- Gosto de falar e contar o que penso?
- Gosto de discutir com os colegas?
- Gosto de passear acompanhado(a), pela praia ou pela montanha?
- Gosto de que todo mundo faça o que eu quero?
- Gosto de ajudar os colegas?
- Gosto de conhecer gente nova?
- Gosto de ler um livro antes de dormir?
- Gosto de me sentir rejeitado(a) pelos colegas?
- Gosto de que os outros me ouçam quando falo?
- Gosto de assistir à televisão?
- Gosto de aborrecer meus colegas, pais e professores?
- Gosto de me sentir querido(a)?
- Gosto...?

- *Avaliação*: Avaliar a atitude e a participação das crianças.
- *Sugestões*: Conforme tenham sido as respostas, podemos aproveitar algum tema para falar sobre ele abertamente com todo grupo um outro dia. Por exemplo, sobre a televisão, a leitura, os amigos, a solidão, ajudar os colegas, etc.

"A dança"

- *Objetivo*: Comunicar-se mediante a música.
- *Desenvolvimento*: Colocamo-nos em círculo, e o tutor explica o desenvolvimento da atividade.
  A atividade consiste em pôr uma música para que as crianças se movimentem pelo espaço disponível, deixando-se levar pela melodia.
  Na sala de aula, distribuiremos o seguinte material: balões, panos grandes, faixas coloridas, etc. (Deve-se levar em conta que esse material favorece a inter-relação entre as crianças). Seria aconselhável que o tutor iniciasse a dança. Os alunos dançam individualmente ou em pares e, se quiserem, podem utilizar o material que foi distribuído pela sala. Conforme a atitude das crianças, o tutor pode interferir, fazendo-lhes algumas sugestões.
- *Material*:
  - Música de Vangelis.
  - Balões, panos grandes, faixas coloridas, etc.
- *Avaliação*: Avaliar a atitude dos alunos. Seria interessante que todos, em algum momento, dançassem com algum colega. Deve-se observar se sentem-se bem.
- *Sugestões*: É preciso observar atitudes como de isolamento, inibição e agressividade. É precisamente diante de atuações como essas que a intervenção do tutor é fundamental, já que pode interferir dançando com a criança, indo os dois buscar algum outro colega para dançar juntos, etc.
  Recomendamos que a sessão de dança não dure mais do que 15 ou 20 minutos.

REFERÊNCIAS BIBLIOGRÁFICAS

ARNAIZ, P. (1987): *Aprendizaje en grupo en el aula.* Barcelona. Graó.

ARNAIZ, P. (1988): *Qui és qui. Les relacions humanes al grup-classe.* Barcelona. Graó.

BRUNET, J. J.; NEGRO, J. L. (1989): *Tutoría con adolescentes.* Madrid. San Pío X.

DARDER, P.; FRANCH, J. (1981): *El grup classe.* Vic. Eumo.

PALLARES, M. (1978): *Técnicas de grupos para educadores.* Madrid. ICCE.

8

As Assembléias no Ensino Fundamental[1]

Susagna Escardíbul
Ana Novella

A ASSEMBLÉIA COMO INSTRUMENTO

Uma das principais finalidades no ensino fundamental, tal como se manifesta em seu currículo, é proporcionar um conjunto de aprendizagens instrumentais para o desenvolvimento de capacidades de socialização, relação e descoberta. A aprendizagem instrumental dota-nos de ferramentas culturais.

A assembléia é uma dessas ferramentas que pretende formar cidadãos participativos e favorecer a construção de valores democráticos. Essa etapa educacional caracteriza-se por duas finalidades:

- Otimizar a vida da turma.
- Favorecer a formação de capacidades morais e conteúdos de valor.

Para poder alcançá-las, é necessário que os alunos identifiquem a assembléia como um espaço e um tempo com identidade própria dentro do currículo escolar e com possibilidades formativas iguais ou maiores que as matérias curriculares.

Artigo publicado em *Aula de Innovación Educativa*, n. 73-74, p. 53-56, julio/agosto 1998.

COMPONENTES FORMADORES DA ASSEMBLÉIA

A assembléia, assim como a tutoria, é um espaço educativo que adquire e tem sentido no âmbito da cultura escolar. Acreditar nas possibilidades formadoras da assembléia passa, antes de mais nada, por acreditar na sua adequação e funcionalidade dentro do projeto educativo. Assim, entre todos os componentes formadores das assembléias, apresentamos a seguir aqueles que são próprios das salas de aula do ensino fundamental.

Construção e reconhecimento do valor da coletividade

Valorizar a coletividade supõe que todos os seus membros sentem-se verdadeiramente elementos responsáveis e solidários do grupo. O vínculo a este deve ser valorizado como algo positivo para a própria pessoa, para os outros e para o grupo como totalidade. A construção do grupo passa da imposição externa de um conjunto de condições que devem ser cumpridas, a outorgar ao grupo a capacidade de se dirigir a si mesmo e poder responder pela concepção, pela organização e pela realização de projetos.

Análise e compreensão do ambiente pessoal e social

Esse componente é formado pela trama de três elementos: a consciência de si mesmo e a capacidade de conduzir-se com autonomia, capacidades que permitem deliberar e atuar em situações sociais e a experiência biográfica que modela a identidade, os valores e o modo de ser. A análise crítica da realidade permite adquirir informação do ambiente pessoal, assim como tomar consciência de si mesmo, saber o que se pensa, o que se valoriza, que hábitos se tem, ou seja, trata-se de conseguir conhecer-se melhor.

Aquisição de habilidades para o diálogo

O diálogo é o motor da assembléia porque é o meio graças ao qual se abordam e se solucionam questões que se apresentam, mas, além disso, é o canal pelo qual transitam os conteúdos de valor, que facilita a elaboração de normas de convivência e planos de trabalho e, por último, promove um compromisso ativo com relação a tudo que foi estabelecido.

QUAIS OS TEMAS ABORDADOS NAS ASSEMBLÉIAS DO ENSINO FUNDAMENTAL?

O conteúdo da assembléia é o conjunto de questões que uma sala de aula propõe. Procura-se que os alunos anotem todos os temas que, por qualquer motivo, interessam a eles e pelos quais se apaixonam, ou se angustiam e se preocupam. Também o professor anotará aquilo que considera importante, ou porque são informações necessárias para o andamento do grupo, ou porque são temas que ninguém se atreveu a propor, ou não percebeu sua importância. A assembléia deve ser uma caixa de ressonância da vida do grupo. Os temas abordados normalmente são:

Temas de trabalho escolar

São questões relacionadas com o funcionamento das atividades escolares de ensino-aprendizagem. Exemplos:

- Por que nos passam tantas lições de casa?
- O problema da aula de matemática.
- O material de artes plásticas que se quebra e se perde.
- Como ajudar os alunos que têm dificuldades?

Temas de organização de atividades

São propostas muito variadas referentes ao planejamento de todo tipo de atividades de recreação, com um conteúdo nitidamente escolar. Exemplos:

- As fantasias de carnaval.
- A preparação de férias.
- Assistimos ou não ao concurso na TV.
- As atividades do dia do livro.
- O campeonato de xadrez.

Temas de convivência

Aqui, agrupamos questões relativas às dificuldades que apresenta a vida no seio da sala de aula e da escola, que vão desde conflitos concretos até a análise das normas da escola. Exemplos:

- As brigas durante o futebol.
- Por que não deixam as meninas jogar?
- Há meninos que estão sempre insultando.
- Algumas meninas só falam com suas amigas.
- A norma do silêncio enquanto se trabalha.
- As normas da biblioteca.

Temas informativos

Pode ser qualquer um dos temas anteriores, porém, o conteúdo é fundamentalmente informativo e, mais do que expor uma controvérsia, tratam de comunicar alguma coisa. Exemplos:

- Informe dos líderes de sala de aula.
- As festas do bairro.
- O horário da quadra de esportes.
- Atividades extra-classes.

Os exemplos anteriores podem ser tratados na assembléia. Contudo, há uma série de temas que é melhor que não cheguem a ser considerados.

- Um primeiro tipo de temas seriam aqueles que têm caráter pessoal, que afetam exclusivamente, ou quase exclusivamente, uma pessoa, sendo melhor tratá-los na tutoria.
- Outro tipo de temas são aqueles que eclodem de forma súbita e violenta, de maneira que não se pode adiar seu tratamento, sendo melhor enfrentá-los de imediato, interrompendo a aula ou falando diretamente com os envolvidos.
- Finalmente, há temas que cabem ao grêmio estudantil ou inclusive a outras instâncias da comunidade escolar.

MECANISMOS PARA O BOM FUNCIONAMENTO DA ASSEMBLÉIA

O bom desenvolvimento das assembléias depende, em grande medida, embora não exclusivamente, de sua organização, dos hábitos e modos de fazer que se criam para realizá-las. São decisões prévias que os professores tomam para obter um funcionamento ideal das assembléias. Neste item, abordaremos alguns desses aspectos.

Os rituais na assembléia

São um conjunto de costumes e hábitos cuja repetição facilita consideravelmente a mecânica da assembléia. Embora cada grupo crie seus próprios rituais, há dois aspectos a considerar: *a distribuição do espaço* (círculo fechado ou semi-aberto), para facilitar que todos se vejam e que possam falar-se comodamente; e *as partes da assembléia* devem ser fixas para facilitar sua preparação e o acompanhamento pelos alunos.

O comando da assembléia

Tem uma função formadora que se concretiza no envolvimento dos alunos na organização e na dinâmica da assembléia. É um comando rotativo para garantir que todos os alunos passem pela experiência.

Tratando-se de alunos do ensino fundamental, o professor não pode delegar as funções de coordenador e moderador aos alunos, e limitar-se a participar como um membro a mais, mas deve ser seu principal impulsionador e guia. Cabe a ele fazer intervenções de ajuda, de esclarecimento, de pedido de explicações ou de estabelecimento de procedimentos que agilizem o diálogo.

Mecanismos de comunicação e de memória

Para que a assembléia funcione, requer-se que cada participante conheça o melhor possível a informação que se gera antes, durante e depois da assembléia. Esses mecanismos têm como finalidades: propor temas relevantes para o grupo, saber antecipadamente do que se vai falar, saber, durante a assembléia, em que ponto se está e o que se pretende conseguir, e ter presente tudo o que foi acertado. Dentre eles, vamos considerar os seguintes:

O quadro para propor temas à assembléia

Normalmente, consiste em uma ou várias folhas de papel para registrar os temas propostos pelos alunos. Usar o quadro de temas é a primeira forma de participação na assembléia, seja porque permite sugerir temas, seja porque permite pensá-los antes de começar.

O quadro-negro como guia durante a assembléia

Orienta-se principalmente em três direções:

1. Lugar para anotar a ordem do dia dos temas que devem ser discutidos, para saber sempre onde estamos, o que deve ser tratado e o que falta tratar.
2. Lista pública daqueles que querem intervir.
3. Lugar para pautar a discussão, para fazer listas de propostas, para traçar esquemas, para registrar acordos e, finalmente, para todo tipo de utilidades de ajuda que se costuma dar ao quadro-negro.

O quadro de resoluções e a caderneta de acordos

Têm como finalidade facilitar a memorização de tudo o que foi pactuado na assembléia. O quadro de resoluções serve para expor, publicamente, os acordos e as normas que a sala de aula adotou. Além disso, convém ir anotando em livros de atas todos os acordos, normas ou inclusive temas que são debatidos, para se registrar o histórico das discussões do grupo.

PARTES DA ASSEMBLÉIA

Mas, como se realiza uma assembléia? A assembléia requer um procedimento regular que nos permita tratar os temas de forma metódica; para isso é necessário ter presente um conjunto de temas que nos ajudem a otimizar esse espaço educativo. Consideramos que tal espaço organiza-se em três partes diferenciadas: antes, durante e depois da assembléia. A seguir, vamos descrever cada uma delas.

Antes

Essa parte da assembléia refere-se ao tempo dedicado à preparação e à organização por parte do grupo encarregado da assembléia e divide-se em dois momentos. Em primeiro lugar, *antes*, quando se deve *retirar do quadro* a proposta de temas que os alunos fizeram durante a semana, é um recurso que integra a assembléia na vida cotidiana da turma. Em segundo lugar, *antes* como *tempo para preparar a reunião*, quando o professor, em conjunto com o grupo da assembléia, dedica-se a elaborar a ordem do dia. O grupo assume diferentes funções formadoras que o ajudam a adquirir uma série de hábitos e procedimentos necessários para a direção da assembléia. As funções do comando de assembléia no ensino fundamental são apresentadas a seguir.

Preparar a ordem do dia

É um trabalho conjunto entre o professor e a equipe da assembléia que, antes de começar, deverá conhecer os temas apresentados e avaliar sua pertinência, classificando-os segundo a temática e organizando-os segundo sua importância. É fundamental que o professor ajude seus alunos a identificar os temas, agrupá-los e expô-los; em suma, que os oriente na elaboração da ordem do dia para se assegurar de que a assembléia se desenvolva de forma coerente, isto é, com início e fim.

Dirigir a assembléia

Esse comando será assumido por três ou quatro alunos que dividirão tarefas como ler a ordem do dia, anotar e dar a palavra, anotar os acordos ou recordá-los, etc. Nas assembléias do ensino fundamental, o papel do professor é muito importante, porque deve ajudar o comando da assembléia a recordar qual é sua função e seu papel, e também que papel cada um deles desempenhará, para que o interiorizem e sejam capazes de realizá-lo. Dessa forma, a equipe da assembléia será mais ágil dando a palavra, apresentando temas ou registrando acordos.

Durante

Esse momento inicia-se quando o grupo da assembléia lê a ordem do dia e termina quando se dá por encerrada a sessão. Nesse período de tempo, será tratado cada um dos temas expostos, como também todos os que emergem no decorrer da discussão. Também se aproveita para a revisão dos encargos e das tarefas da semana.

Alguns problemas que aparecem nesse processo são as discussões intermináveis, a perda do "fio da meada" e a superficialidade no tratamento do tema e, com isso, pode acontecer de a assembléia terminar sem ter chegado a lugar algum. Conseqüentemente, é necessário utilizar rituais de debate com o objetivo de evitar a desordem, o desvio dos temas e a perda de tempo. O uso desses rituais garante a eficácia da assembléia (Franch e Martinell) e ensina maneiras de resolver de forma cooperativa os temas. A discussão de cada um dos temas consta de três fases diferenciadas tais como:

Apresentação do tema

A equipe da assembléia apresentará o tema, lerá o enunciado e exporá de forma clara e concisa toda a informação de que dispõe. No caso de agrupar vários temas em um, por sua similitude, propõe-se um enunciado comum, passando a ler cada uma das propostas que reúne e a explicar o que se pretende ao tratá-lo. Essa fase deve ser breve e não pode ser confundida com a discussão.

Desenvolvimento da discussão

Corresponde ao núcleo da discussão e destina-se a considerar todas as questões que podem ajudar a tratar o tema. Assim, em primeiro lugar, abre-se uma rodada para dar a palavra às pessoas envolvidas (a que coloca o tema e o "acusado") para que possam explicar e argumentar sua versão dos fatos e depois, em uma segunda rodada, são os demais alunos que expõem suas opiniões. É o momento no qual o professor pode lançar perguntas para facilitar a discussão: "O que aconteceu com você? O que você pensou? Acha que o que Fulano diz é possível? Quem mais se sentiu assim alguma vez?".

Definir conclusões

Seu objetivo é finalizar, de forma clara e explícita, um tema combinando alguma coisa. É necessário acabar registrando alguma idéia para que o grupo não tenha a sensação de que a discussão ficou inacabada ou que não se avançou o suficiente. É um momento importante que não se deveria subestimar.

Depois

O trabalho que se realiza em uma assembléia não termina depois desta; não sem razão, é o espaço educativo com maior transcendência para o grupo. É a partir desse momento que se deve refletir o dia-a-dia, a convivência entre uns e outros, os compromissos que foram assumidos. Deveríamos levar em conta que, às vezes, contamos com um excesso de acordos e normas, que chegam a ser pouco claros, dificultando seu reconhecimento e sua interiorização. Trata-se de um processo lento e laborioso que requer a ajuda de mecanismos de memória, de exercícios de auto-regulação ou de destinar um tempo no início da assembléia para repassar os acordos, de modo que, no final, os acordos e as normas se traduzam em condutas visíveis.

Para concluir, vale assinalar que a assembléia requer o envolvimento do professor e dos alunos, que acreditem nela como ferramenta para o trabalho e formação do grupo. Assim, estamos diante de um espaço educativo com as características e as condições que apresentamos, com identidade dentro de um projeto educativo cujo principal objetivo é formar pessoas participativas.

NOTA

1. Este capítulo enquadra-se em um projeto de pesquisa sobre "A escola como comunidade democrática", no qual também colaboraram Xus Martín e Josep M. Puig.

REFERÊNCIAS BIBLIOGRÁFICAS

ALTIRRIBA, M.; CLARAMUNT, P. (1993): "La escuela: lugar idóneo para la educación moral", em *Aula,* n. 16-17, p. 48-51.

DARDER, P.; FRANCH, J.; COLL, C.; PELACH, J. (1994): *Grupo clase y proyecto educativo de centro.* Barcelona. ICE/Horsori, p. 113-155.

FRANC, J.; MARTINELL, A. (1984): *L'animació dels grups d'espai de vacances.* Barcelona. Laia.

PUIG, J. (1995): *La educación moral en la enseñanza obligatoria.* Barcelona. ICE/Horsori, p. 241-251.

PUIG, J. M.; MARTÍN, X.; ESCARDÍBUL, S.; NOVELLA, A. (2000): *Cómo fomentar la participación en la escuela.* Barcelona. Graó.

9

Se os Alunos Tomassem a Palavra...

Ángeles Medina

> As palavras, suspensas, criadoras de plenitude, mesmo que seja um suspiro.
>
> (María Zambrano)

ALGUNS TRAÇOS DA SOCIEDADE PÓS-MODERNA E SUA REPERCUSSÃO NAS SALAS DE AULA

Nas décadas de 80 e 90, após o desaparecimento dos blocos do pós-guerra, estamos assistindo àquilo que diversos autores chamam de nova ordem mundial. No entanto, na opinião de Chomsky (1996), essa nova ordem não é tão nova: o neoliberalismo assentou-se com força e mantêm-se as regras de jogo tradicionais do modelo capitalista; os fracos, os marginalizados, os deserdados continuam submetidos à força das leis elaboradas pelos poderosos. Impõem-se, assim, os princípios da "racionalidade econômica" em uma "sociedade pós-moderna", cujas palavras mágicas são "produtividade", "competitividade", "eficácia" e "rentabilidade", em uma ordem "velha", na qual, ao contrário, as sociedades não avançam no mesmo

---

Artigo publicado em *Aula de Innovación Educativa*, n. 87, p. 81-84, diciembre 1999.

ritmo no aprofundamento na democracia, na eliminação das desigualdades ou no aumento do bem-estar.

Maceda (1994) e Hargreaves (1996) traçam o seguinte perfil da sociedade pós-moderna:

- Globalização da economia, da política, da cultura e da informação, com a conseqüente eliminação das fronteiras físicas e culturais e a abertura a novas idéias e modos de vida, mas também com uma acentuada tendência à uniformização do pensamento e a uma manipulação mais fácil da informação.
- Desenvolvimento tecnológico acelerado, com suas conseqüências nos modelos sociais e de pensamento, assim como no mercado de trabalho, caracterizado pela flexibilidade, pela precariedade e pela individualização.
- Posição dominante da ciência, com seus avanços positivos que, não obstante, não se estendem ao conjunto da humanidade.
- A eficácia e a competitividade como valores supremos.
- Consumo exagerado, cumulativo e acrítico.
- Graves problemas de meio ambiente.
- Agravamento das desigualdades sociais no seio de sociedades concretas e entre as "sociedades desenvolvidas" e as "subdesenvolvidas", aumentando a marginalização de setores da sociedade, a pobreza e os problemas que decorrem dessa situação.
- Concentração do poder político e econômico, ao mesmo tempo que, paradoxalmente, surgem com força diversos movimentos democráticos de base.
- Sociedades com predomínio da diversidade (religiosa, cultural e étnica), nas quais ocorre, sem problemas, uma mistura crescente de raças e culturas (multiculturalismo).
- Burocracias e papéis sociais mais flexíveis.
- Mudança no papel tradicional da mulher e no modelo de família (nas sociedades "desenvolvidas").
- De um ponto de vista pessoal, indivíduos mais formados e mais adaptáveis à mudança, mas também mais inseguros, em um mundo cheio de incertezas (profissionais, pessoais, sociais, etc.).

Tudo o que acontece nessa sociedade complexa e contraditória repercute no que acontece na escola, de maneira que se fazem à escola demandas igualmente complexas e contraditórias: pede-se a ela, em particular, que transmita os valores sociais, aceitos de forma consensual, e ao mesmo tempo crie uma nova cultura que seja integradora e solidária.[1]

Todos os dias, em nossas salas de aula, reproduzem-se as tensões desse tipo de sociedade. Nas palavras de Nussbaum e Tusón (1996):

> A sala de aula se apresenta como um microcosmo, como uma cultura em miniatura em que se [re]criam os hábitos (variados e diversos) de comunicação e de relação da sociedade da qual a escola faz parte.

Como professores, observamos que já não servem os velhos esquemas de uma educação tradicional: dependência dos alunos, relações de poder baseadas no prêmio e no castigo, decisões unilaterais sobre os conteúdos e os critérios de avaliação, homogeneidade nas propostas e nas formas de realizá-las, uso exclusivo e acrítico do livro de texto como única fonte de conhecimento... e ouvir os alunos sem interpretar o que dizem.

Dessa forma, surge a necessidade de reexaminar o saber escolar e o papel que desempenhamos, como professores. Fernández (1995) nos incita a nos colocarrmos em estado de criação e de construção-reconstrução permanente de todas as idéias e de todas as práticas educativas. Ele afirma que o novo paradigma educativo surgirá do confronto de educandos e educadores em uma prática educativa o mais livre e autônoma que a convivência democrática permitir.

Uma das condições imprescindíveis para que a prática educativa seja mais livre, reflexiva e autônoma é que nós, professores, deixemos de "falar em lugar de", que não calemos na aula a voz dos alunos. Esse silêncio dos alunos, literal em algumas ocasiões, é muitas vezes simbólico, já que "a produção do discurso é controlada, selecionada e redistribuída por um certo número de procedimentos que têm como função tramar os poderes e os perigos" (Gabilondo, 1990, p. 147). Desse modo, as decisões que se tomam na sala de aula costumam ter um único protagonista (o professor), o que implica que se continue favorecendo nos alunos a dependência em oposição à autonomia; o desinteresse e a apatia em oposição ao desejo de conhecer, comunicar-se, fazer; a distância afetiva com relação aos professores em oposição a uma relação educativa próxima.

O QUE PODEMOS FAZER? ALGUMAS PROPOSTAS

Para que os alunos rompam seu silêncio, requer-se um modelo educativo nos qual eles proponham, analisem, perguntem, debatam, cooperem, negociem, planejem... e decidam. Esse é um modelo no qual procuramos enquadrar nossas atuações na sala de aula, um modelo no qual o professor proporciona um suporte (Bruner, 1983) que permita que os alunos alcancem êxitos que por si só não poderiam conseguir; medeia entre as crianças e a cultura; está atento às suas necessidades e às suas propostas para, entre todos, organizá-las a partir das características e competências de cada um; em suma, "ouve" e, assim, descobre a maneira se ajudar seus alunos a construir conhecimentos que sejam válidos para participar e desenvolver-se na sociedade na qual lhes coube viver.

Ilustraremos como os alunos "tomam a palavra" com duas propostas surgidas no início do período escolar em uma sala de aula de 2ª série do ensino fundamental, denominada "Os unicórnios" (nome escolhido pelas crianças no ano anterior, que nos deu margem para realizarmos uma interessante pesquisa sobre os animais mitológicos). Ressaltamos que na escola não se trabalha com livros-texto, mas que se utilizam múltiplas e variadas fontes de informação (livros, informes, imprensa, internet, vídeos), que o trabalho na sala de aula baseia-se na realização de diferentes tipos de projetos e que os materiais dos quais se necessita são obtidos por diferentes meios: são empréstimos ou doações das famílias ou dos amigos, recolhem-se na vida diária ou adquirem-se no comércio graças à cooperativa de pais (todas as famílias pagam no início do ano para comprar materiais e realizar passeios).

Os alunos decidem como organizar sua sala de aula

Quando nos reencontramos, depois das férias de verão, as crianças, por um lado, vinham ansiosas para compartilhar com os amigos "unicórnios" suas vivências e, por outro, com muitas idéias sobre como organizar a sala de aula neste novo ano. No período anterior já tiveram a experiência de encontrar o mobiliário encostado às paredes, apenas com os materiais mais necessários e com um tapete no meio da sala.

Algumas crianças fizeram comentários muito significativos, que a professora anotou em seu diário de classe:

> D. – Olha, que colégio tão diferente! Não acho que esta seja uma sala de aula de verdade. Você é uma professora de mentira, não é?
> L. – De verdade, de verdade que podemos decidir como queremos a sala de aula?
> C. – Vamos comprar o que decidirmos entre todos, mas eu não acredito.

Mas este ano eles acreditavam. E, mais ainda, tinham guardado em casa objetos e materiais, tesouros encontrados no verão que queriam incorporar à sua sala de aula o quanto antes.

Achamos que é imprescindível ouvir a voz das crianças para fazer de nossa sala de aula um lugar em que cada um se sinta acolhido, em que se diversifiquem as atividades, em que haja lugares para compartilhar, para ficar todos juntos, para ficar com um grupinho, para ficar sozinhos... para fazer de nossa sala um lugar especial, particular, que reconhece os diferentes gostos, interesses, modos de ser, que nos identifica como grupo. O espaço que vamos compartilhar tem de ser criado entre todos, e, por isso, sua configuração não deve ser determinada pelo adulto desde o início: criar o espaço da sala de aula entre todos é uma fonte de aprendizagens na qual conteúdos curriculares de todo tipo adquirem significado e sentido para os alunos e em que se geram numerosas atividades que necessitam da participação deles, assim como de suas famílias e, naturalmente, da professora.

Entre as atividades que surgiram em torno da organização da sala de aula, queremos destacar as seguintes:

1. Recolhimento de propostas argumentadas sobre como dispor o mobiliário no espaço, as zonas que vamos criar e como vamos chamá-las, por que e onde situá-las:

> CH. – Eu gosto de um canto para a biblioteca ali (aponta para uma zona bastante escura da sala de aula.)
> P. – Por que ali? Não entendo, é pequeno e quase não tem luz.
> CH. – Porque há luz, sim, com o fluorescente, e porque eu gosto.
> H. – Pois isso não é uma boa razão.
> PROFESSORA. – O que vocês acham? O que podemos fazer?
> S. – Olha. Cada um diz se quer a biblioteca, onde a quer e por que, certo?

Depois de discutirmos e de nos convencermos uns aos outros, decidimos onde situar a biblioteca.

2. Antes de começar a deslocar os móveis, precisamos saber se vão caber nos lugares escolhidos. Começamos, assim, um trabalho de medir a sala e de elaboração de mapas. Realiza-se uma exposição de mapas e cada um explica o seu (Figura 7.1).
3. Distribuímo-nos em pequenos grupos, e cada equipe decide que zona vai montar. Consultar outros grupos costuma ser muito habitual para conhecer as opiniões dos amigos. Todos nos entregamos à tarefa: deslocamos armários, mesas, cadeiras, transferimos materiais, classificamo-los, ordenamos e etiquetamos o que é necessário, fazemos os cartazes com o nome que escolhemos para cada zona, decoramos, etc. Cada grupo representa com um desenho como organizou a zona escolhida e explica a todos que critérios adotou para fazer isso. Nessa conversa, todos podemos opinar e dar idéias.
4. Fazemos listas de coisas que queremos ter na sala de aula, desde mascotes até materiais. Depois, procedemos a um detalhamento da informação utilizando as listas de cada um: o que se repete (pinturas, colas, papéis coloridos...), no que estamos de acordo por unanimidade (ter mascotes), aspectos que é preciso discutir (que mascotes ter), propostas surpreendentes (ter répteis dissecados), etc. (ver Figura 9.2). Depois desse processo, elaboramos uma lista comum de materiais e objetos a conseguir. Além disso, colocamos um papel contínuo em um lugar acessível para anotar o que necessitamos ao longo do período. Desse modo, são as próprias crianças que anotam quando um material acaba e deve ser reposto ou quando se necessita de materiais que já não há na sala de aula. A professora não decide de forma unidirecional os materiais que vão ser utilizados e como utilizá-los, não faz as listas sozinha; trata-se de uma tarefa compartilhada.

Essa situação permite também enriquecer e diversificar os recursos que se utilizam, dando lugar a experiências muito enriquecedoras, como a utilização de objetos para usos distintos aos que são habituais socialmente, favorecendo assim um pensamento criativo e divergente.

Figura 9.1

```
6 CORCHOS          25 BAGONETAS
                   15 ZESTAS
4 VENTANAS  4 PERSIANAS
1 PIZARA    86 CHINCHETAS
2 ESTANTERIAS  25 NIÑOS
5 MUEBLES
22 MESAS
2 CAJONES
24 SILLAS

NURIA    MI CLASE MI DE

8 DE LARGO CON ZANCADAS

8 MEDIO DE ANCHO CON ZANCADAS
```

---

*N. de R.T. Foi mantido o original em espanhol para exemplificar o processo de construção da escrita.

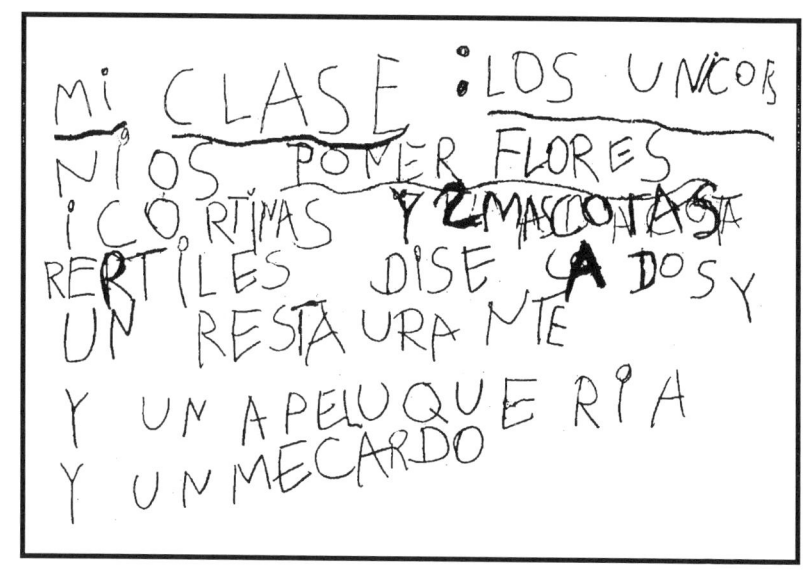

Figura 9.2

Os alunos fazem perguntas e buscam respostas

Mostramos que na sala de aula trabalha-se por projetos e, conseqüentemente, as crianças já tiveram a experiência e generalizaram aprendizagens quanto ao que significa um processo de questionamento compartilhado. Começamos com a formulação de perguntas para depois categorizá-las e trabalhar sobre elas, seguindo uma ordem que decidimos entre todos.

Basicamente, o processo de trabalho, uma vez escolhido um dos temas, é iniciado expondo o que cada um sabe, pensa, conhece, experimentou... e colocando as questões que nos fazemos com relação a esse tema. Planejamos juntos o processo que vamos seguir em nossa pesquisa, as atividades, os passeios, etc. As crianças fazem propostas interessantes, embora algumas sejam viáveis e outras nem tanto..

No ano letivo anterior, pesquisando "O mistério das pirâmides", produziu-se a seguinte situação:

> D. – Podemos trazer o vídeo de *O príncipe do Egito*, não vale a pena?
> E. – Pois a minha vizinha, que está no colégio e é maior tem um vídeo e uma história das pirâmides que vai deixar para mim para eu trazer.
> M. – Tenho uma idéia! Nós vamos a uma agência de viagens e perguntamos quanto custa uma viagem e, com o dinheiro que os pais pagam, vamos ao Egito.
> Professora. – Por mim, fantástico, o que vocês acham?
> N. – Não dá para ir porque é caríssimo, e nossos pais não têm tanto.
> B. – Pois eu vou dizer à minha mãe que me leve a uma agência de viagens e pegamos folhetos e aí diz quanto é. Pode ser que tenha desconto.
> Professora. – Maravilha! Depois, entre todos, calculamos o que pode nos custar e se temos dinheiro para fazer a viagem.
> D. – Se a gente não puder ir, com certeza não, trazemos muitas fotos, porque nas agências de viagens há muitas.
> H. – Eu tenho outra idéia. Por que não escrevemos ao Governo do Egito para que nos mandem coisas das pirâmides?

A busca de informação a respeito, utilizando fontes e recursos, é uma parte importante desse processo, em que o envolvimento das famílias tem um papel de destaque (ajudam a conseguir livros, vídeos, objetos..., vêm à sala de aula como "especialistas" em determinados campos, sugerem lugares aos quais se dirigir para receber informação, etc.). É preciso assinalar que nós, os adultos (famílias e professora), convertemo-nos em aprendizes junto com os alunos. Finalmente, recopilamos o vivido, o realizado, o aprendido, refletimos sobre o que ocorreu, analisamos o que podemos fazer e o que conseguimos, os acertos e os problemas encontrados, as soluções postas em prática... e fazemos sugestões de melhora para a próxima vez.

Ao longo desse processo de pesquisa, falamos, debatemos, lemos, escrevemos, calculamos, fazemos gráficos, desenhamos, dramatizamos, manipulamos mapas, dicionários, vídeos, computadores, construímos aparelhos, fazemos experiências..., enfim, utilizamos linguagens formais e expressivas para algo e por algo e, fundamentalmente, aprendemos a pensar e a colaborar.

Mas... o que podem perguntar-se crianças de sete anos? Na realidade, muitas coisas que nós, como adultos, também nos perguntamos. Estas são algumas das questões que "os unicórnios" se colocaram no início do atual ano letivo:

> Por que nascemos se depois vamos morrer? Por que as pessoas acreditam que quando você morre vai para o céu? Por que dizem que Deus nos fez e é nosso pai? Por que este mundo existe? Por que nós existimos? Por que existem os buracos negros? Quem inventou os jogos? Como este mundo foi feito? Por que existe o teatro? Por que o sol é de fogo? Por que temos de comer e fazer cocô? Por que antes éramos peludos? Por que éramos macacos? Quem inventou a primeira guerra? Por que temos de morrer? Por que foram criados os relógios e a hora? Como se criou a voz? Por que existe a fantasia? Por que existem os meteoritos? Por que o céu não se acaba? Por que os dinossauros foram extintos? Por que se inventou a bússola? Por que as famílias antes eram tão grandes? Quem foi o primeiro homem? Por que há muitos tornados? Por que há furacões? De onde vêm os terremotos? Por que se perde o cabelo? Quem inventou a eletricidade, a música, o papel, os idiomas, o circo, os carros, o plástico, os números e as letras, a tinta...? Por que há pobreza? Por que antigamente os meninos iam a um colégio e as meninas a outro?

PARA FINALIZAR...

Nossas sociedades, tão complexas e contraditórias, reclamam a formação de pessoas autônomas que desenvolvam em conjunto um pensamento investigador, criativo e crítico e atitudes cooperativas e éticas para enfrentar as novas situações com que se depararão no futuro, com a esperança, sempre incerta, de poderem intervir na realidade para superar estereótipos e preconceitos, para combater as injustiças.

Com essa finalidade, Lipman (1997) sugere-nos converter nossa sala de aula "em uma comunidade de pesquisa, em uma comunidade inconformista, interativa, colaborativa, uma comunidades descobridora, na qual as injustiças e os reducionismos sejam tratados em seu seio como problemáticos e na qual se experimente com a racionalidade em qualquer campo de conhecimento". Podemos empreender esse caminho dispondo-nos a mudar nossa forma de nos colocar e de intervir na sala de aula, planejando a ação educativa a partir de outra visão, em que se estabeleçam processos de negociação sobre o que aprender, como e para que fazê-lo (Molina,

1997), em que se leve em conta que todos (alunos, professores e famílias) temos algo a oferecer e muito a aprender, em que se ouçam as vozes distintas e diversas de nossos alunos, em que, enfim, eles tomem a palavra.

NOTA

1. Hargreaves (1996) destaca como um dos traços centrais das sociedades atuais um crescente neoconservadorismo (com seu difícil equilíbrio entre individualidade e coletividade, entre flexibilidade e homogeneização) e assinala alguns dos desafios que a escola enfrenta nesse marco: de maneira destacada, sua natureza, fundamentalmente paradoxal (educação integrada, mas especializada, local e global, autônoma, mas sujeita a controles...) e a necessidade de recuperar uma dimensão moral e social.

REFERÊNCIAS BIBLIOGRÁFICAS

BRUNER, J. (1983): *Child's talk. Learning to use language.* Nueva York. Norton. (Trad. cast.: 1986, Barcelona. Paidós.)

CHOMSKY, N. (1996): *El nuevo orden mundial (y el viejo).* Barcelona. Crítica.

FERNÁNDEZ, J. A. (1995): "La educación y el futuro inmediato", em *Cuadernos de Pedagogía,* n. 240, p. 8-12.

GABILONDO, A. (1990): *El discurso en acción. Foucault y una ontología del presente.* Barcelona. Anthropos.

HARGREAVES, A. (1996): *Profesorado, cultura y postmodernidad. Cambian los tiempos, cambia el profesorado.* Madrid. Morata.

LIPMAN, M. (1997): *Pensamiento complejo y educación.* Madrid. Ed. de la Torre.

NUSSBAUM, L.; TUSÓN, A. (1996): "El aula como espacio cultural y discursivo", em *Signos,* n. 17, p. 14-21.

MACEDA, P. (1994): *La educación ante los grandes cambios culturales.* Madrid. Eurolices.

MARTÍNEZ RODRÍGUEZ, J. B. (1996): "¿Alumnado y profesorado como enemigos?", em *Signos,* n. 17, p. 40-47.

MOLINA, L. (1997): *Participar en contextos de aprendizaje y desarrollo.* Barcelona. Paidós.

10

O Desenvolvimento da Ação Tutorial em um Colégio Rural Agrupado[1]

Ricardo Argüís

A ação tutorial constitui um dos eixos fundamentais do sistema educacional definido a partir da LOGSE (Lei Orgânica do Sistema Educativo Espanhol). De acordo com as orientações propostas pelo MEC (Ministério da Educação e Ciência, 1992), a educação não é voltada apenas ao desenvolvimento de conhecimentos e procedimentos, nem se limita unicamente ao que ocorre na sala de aula; ao contrário, trata-se de um processo no qual se incluem também valores, normas e atitudes, de uma perspectiva global do desenvolvimento dos alunos em seu ambiente escolar, familiar e social.

De um modo mais ou menos consciente, a escola tradicional estimulou com um caráter mais sistemático as capacidades cognitivas e lingüísticas, descuidando ou relegando a um segundo plano os aspectos afetivos e de conduta do ser humano. Contudo, uma concepção global do desenvolvimento requer que se atendam, de modo equilibrado, todas as capacidades mencionadas.

Tal como ressaltou Goleman (1997), a inteligência "acadêmica" que se cultiva tradicionalmente em nossas instituições educacionais não prepara para os desafios da vida, já que deixa de lado os aspectos fundamentais para o desenvolvimento pessoal e social.

Conscientes de todas essas reflexões, os professores do Colégio Rural Agrupado "El Enebro", com sede em Saviñán (Zaragoza), há

Artigo publicado em *Aula de Innovación Educativa*, n. 98, p. 53-56, enero 2001.

alguns anos, questionaram-se sobre como sistematizar o plano de ação tutorial da escola, de modo a poder oferecer uma orientação mais global e equilibrada para o trabalho com os alunos. A seguir, tentaremos descrever alguns dos aspectos mais relevantes de todo o processo que realizamos.

CONTEXTO DA EXPERIÊNCIA

O CRA "El Enebro" é integrado pelas escolas das localidades de Morés, Paracuellos, Saviñán e Sestrica; também recebemos alunos de Purroy, cuja escola foi fechada. A criação jurídica desse colégio teve lugar no período 1994-1995, embora posteriormente várias das escolas que o integram tenham experiência de trabalho conjunto em torno do antigo Centro de Recursos de Illueca.

A escola conta com 13 professores, dos quais quatro são suplentes das especialidades de música, inglês, educação física e religião, existindo uma quinta professora suplente de apoio às escolas. Desde 1991, os professores dessas escolas organizaram sua formação conjunta elaborando diferentes projetos de formação em escolas.

A partir do período 1994-1995, os professores do CRA passaram a receber assessoria por parte do departamento de professores e de recursos de La Almunia de Doña Godina, realizando um intenso trabalho compartilhado no qual se demarcam as experiências que aqui descrevemos.

DESENVOLVIMENTO DA AÇÃO TUTORIAL NA ESCOLA

Nossa experiência inicia-se no período 1997-1998, com a elaboração do plano de ação tutorial, a partir de um processo de trabalho colaborativo por parte de todo o corpo docente. Tratava-se de refletir acerca do sentido da ação tutorial em nosso trabalho educativo, como também de sistematizar as ações que, nesse âmbito, já estavam sendo implementadas na escola, a partir de uma análise exaustiva destas, para detectar carências e aspectos a serem melhorados. A seqüência de trabalho que seguimos foi a seguinte:

- Definir os objetivos gerais do plano de ação tutorial e sua relação com o projeto educativo da escola.

- Analisar as funções dos tutores na legislação atual e concretizar sua aplicação em nossa escola.
- Delimitar os âmbitos da ação tutorial (famílias, alunos e professores), assim como as áreas de trabalho em cada um deles.
- Estabelecer objetivos e propostas de atividades para cada um dos âmbitos.
- Planejar um sistema de avaliação do plano de ação tutorial.

Uma das ferramentas de trabalho mais úteis para esse trabalho foi constituída pela grade que reproduzimos no Quadro 10.1, no qual se sintetizam as áreas básicas de ação tutorial. Desse modo, partindo da realidade de nossa escola, elaboramos uma lista de ações que os professores realizavam habitualmente em relação com cada área; a partir daí, valorizamos o trabalho atual na escola e decidimos o que desejávamos manter, como também os aspectos que não estávamos levando suficientemente em conta e era preciso acrescentar.

Durante os três últimos períodos, nosso trabalho centrou-se em desenvolver na prática os princípios estabelecidos no plano de ação tutorial que elaboramos. Algumas das atividades que realizamos, assim como outras que estamos aplicando atualmente, são descritas na continuação.

Auto-estima, habilidades sociais e resolução de conflitos

Ao longo do ano escolar, decidimos dedicar uma hora semanal a atividades de tutoria, na qual desenvolvemos um programa de atividades relacionadas com esses três temas. Após uma análise dos materiais editados em torno desses aspectos, selecionamos um conjunto de jogos e dinâmicas de grupo, que fomos seguindo e adaptando à realidade de nossas salas de aula, para pô-las em prática na hora da tutoria. Contudo, consideramos que tal trabalho não pode restringir-se a um determinado momento do horário escolar, mas implica uma ação contínua e uma atitude permanente dos professores. Mas, ao mesmo tempo, constatamos que é uma experiência positiva poder dedicar um tempo específico para aprofundar com os alunos sua auto-estima, desenvolver determinadas habilidades sociais ou indicar diretrizes para enfrentar os conflitos interpessoais, já que se podem trabalhar esses aspectos de um modo mais exausti-

Quadro 10.1 Áreas básicas de ação tutorial

ÂMBITOS DO PAT	O que fazemos atualmente?	O que queremos manter?	O que é preciso acrescentar?
Âmbito familiar • Entrevista tutorial familiar. • Reuniões gerais de pais.			
Âmbito dos professores • Mediação tutorial (papel do tutor como mediador entre escola e famílias). • Coordenação: – Informação sobre os alunos. – Equipes de etapa.			
Âmbito dos alunos • Ensinar a pensar: – Motivação. – Técnicas de estudo. – Detecção de dificuldades. • Ensinar a ser pessoa: – Autoconceito e auto-estima. • Ensinar a conviver: – Acolhimento e integração e coesão. – Direitos, deveres e responsabilidades. – Habilidades sociais e dinâmica de grupos.			

vo, tomando consciência de nossas atitudes e hábitos cotidianos e assentando as bases de condutas que serão reforçadas posteriormente no trabalho diário da sala de aula.

Estratégias de aprendizagem

Centramo-nos nas condições básicas de trabalho em casa, para estabelecer uma continuidade entre as estratégias de aprendizagem desenvolvidas na escola e o estudo autônomo dos alunos fora da escola. Para isso, formulamos um questionário pessoal de avaliação de hábitos de estudo, que foi aplicado a cada aluno e cujos resultados foram discutidos por cada tutor com seu respectivo grupo. A partir disso, cada aluno estabeleceu um compromisso individual para estimular determinados hábitos nos quais precisava melhorar.

Está previsto, a realização, mais adiante, de um acompanhamento dos hábitos de estudo desenvolvidos, revendo os compromissos estabelecidos pelos alunos e, também, contando com as contribuições das famílias.

Integração com as famílias

Essa questão nos parece de vital importância, já que não entendemos o trabalho na escola se ele não for acompanhado de uma integração adequada com as famílias dos alunos, de modo que haja continuidade e coerência entre as proposições da escola e de casa. Para isso, sempre que nos propomos a abordar um âmbito concreto da ação tutorial, planejamos uma série de atividades para garantir a colaboração e a participação dos pais.

Alguns exemplos são: elaboração de um "livro de educação infantil" para cada aluno dessa etapa, que serve de elo entre os professores e as famílias, e no qual se refletem informações e diretrizes de orientação diversas (dados do aluno, comunicações dos professores aos pais e vice-versa, sugestões de colaboração de casa, boletins informativos...); realização de palestras e debates sobre autoestima, habilidades sociais e resolução de conflitos, com entrega de documentação simples sobre diretrizes para estilumar esses aspectos a partir das famílias; reuniões gerais com os pais para analisar os hábitos de seus filhos e fazer um acompanhamento periódico; entrevistas individuais para tratar aspectos específicos sobre a evolução de um determinado aluno, etc.

CONCLUSÃO

O desenvolvimento da ação tutorial abarca áreas tão complexas que é difícil dar respostas a todas com o mesmo grau de intensidade. Contudo, a experiência é muito satisfatória, quando se conta com o apoio entusiasta e o trabalho colaborativo dos colegas professores, constatando-se resultados positivos no trabalho com nossos alunos.

Do trabalho realizado até o momento, aprendemos muitas coisas, algumas das quais apresentamos a seguir, como reflexões em voz alta para nós mesmos e também como recomendações para outros professores que desejem embarcar nessa aventura:

- O plano de ação tutorial deveria ser um documento realista, funcional e passível de revisão, que ajudasse a criar um âmbito comum de acordos para a ação educativa de todo o corpo docente.
- Dada a amplitude dos possíveis aspectos a serem abordados, convém centrar a ação tutorial em áreas de intervenção prioritárias e muito concretas, não pretendendo ser excessivamente abrangente.
- A coordenação entre os professores (planejamento conjunto de atividades, acompanhamento e avaliação) é um aspecto-chave para o êxito do trabalho tutorial e implica de modo direto diversos grupos profissionais: equipes de orientação educativa e psicopedagógica, chefias de estudos, comissões de coordenação pedagógica, equipes de ciclo, etc. Em nosso caso, cabe mencionar o trabalho colaborativo satisfatório realizado com o CPR de La Almunia: um acompanhamento contínuo por parte dos assessores deste nas reuniões do corpo docente ajudou a retomar o fio condutor do tema em momentos críticos, facilitando também materiais e recursos que proporcionaram novos enfoques no plano de ação tutorial.
- A ação tutorial não se pode limitar a uma hora semanal determinada ou a atividades específicas, mas deve impregnar toda a ação educativa; além disso, tal tarefa afeta todos os professores da escola sem exceção.

NOTA

1. Participaram da experiência os professores do CRA "El Enebro" e assessores do CPR de La Almunia de Doña Godina (Zaragoza), durante os períodos de 1997-1998, 1998-1999 e 1999-2000.

REFERÊNCIAS BIBLIOGRÁFICAS

GOLEMAN, D. (1997): *Inteligencia emocional.* Barcelona. Kairós.

MINISTERIO DE EDUCACIÓN Y CIENCIA (1992): *Materiales para la reforma, orientación y tutoría.* Madrid. MEC.

ENSINO MÉDIO

11

A Tutoria: Experiência de uma Escola de Ensino Médio

Conxa Montesinos, Empar Martínez,
Marcel·la Senent, Conxa Ricart

La Florida é uma cooperativa de trabalho associado que realiza sua atividade de formação em três áreas:

- Escola de Ensino Médio.
- Escola de Formação e Empresa.
- Escola Universitária de Estudos Empresariais.

A escola de ensino médio e ensino técnico (privado conveniado) imergiu no processo de Reforma do Sistema Educativo desde que se iniciou no período 1982-1983. Nesse momento em que o processo de experimentação se cristalizou na Lei Orgânica de Ordenação do Sistema Educativo Espanhol (LOGSE) de 1990, La Florida é uma escola que se antecipa à generalização dessa lei.

Atualmente, oferecemos o o ensino médio (integrado por 15 unidades); os bacharelatos[*] de Ciências Humanas e Sociais, e de Tecnologia (6 unidades); e ensino superior de Administração e Empresa, Informática de Gestão e de Manutenção de Máquinas e Sistemas Automáticos (4 unidades).

Artigo publicado em *Aula de Innovación Educativa*, n. 26, p. 53-57, mayo 1994.
[*]N. de R.T. Bacharelato – Etapa de ensino do sistema educacional espanhol, que se situa entre o ensino médio e o ensino superior.

ESTRUTURA ORGANIZACIONAL E PARTICIPATIVA DA ESCOLA

Quadro 11.1 Estrutura organizacional e participativa da escola

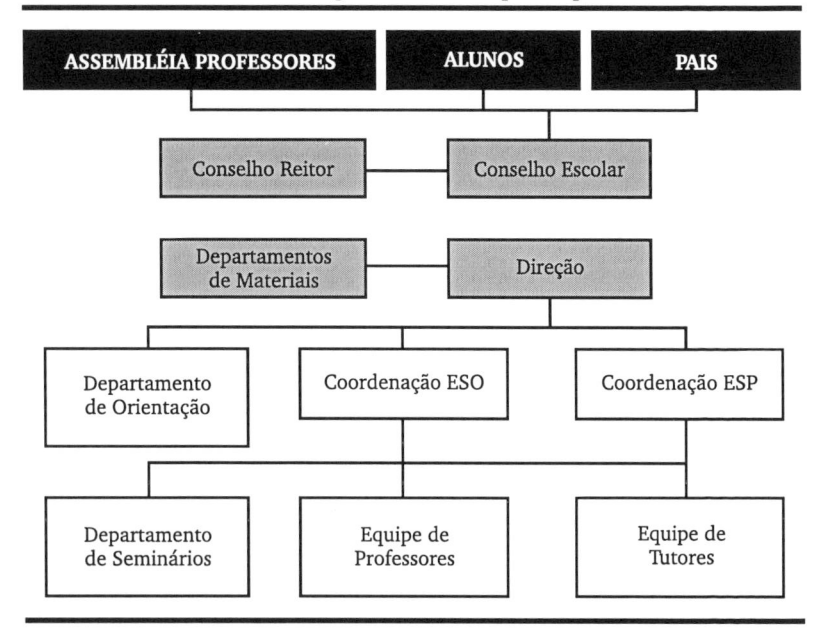

```
ASSEMBLÉIA PROFESSORES        ALUNOS           PAIS

         Conselho Reitor ─── Conselho Escolar

         Departamentos ─── Direção
         de Materiais

    Departamento      Coordenação ESO      Coordenação ESP
    de Orientação

    Departamento      Equipe de            Equipe de
    de Seminários     Professores          Tutores
```

Quadro 11.2 Estrutura participativa dos alunos

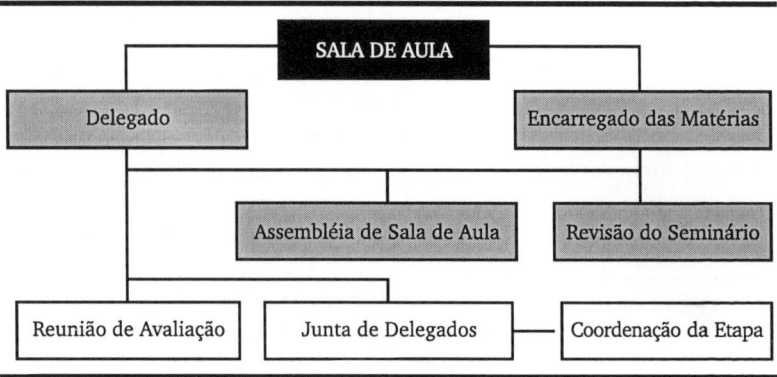

```
                    SALA DE AULA

         Delegado                  Encarregado das Matérias

              Assembléia de Sala de Aula    Revisão do Seminário

    Reunião de Avaliação   Junta de Delegados ─── Coordenação da Etapa
```

A TUTORIA NO ÂMBITO DO PEC

Entender a educação como uma parte do processo de socialização e de interiorização de hábitos e conhecimentos torna necessária a introdução de valores sobre os quais assentar as bases de tudo o que se está fazendo na escola. Pensamos que não é realista qualquer pretensão de educação neutra.

Partindo dessa convicção, consideramos de grande importância que em nosso Processo Educativo de Centro (Escola) se explicitem, o mais detalhadamente possível, os valores que conformam e dão verdadeiro sentido ao nosso trabalho educativo. Assim, estes são a base que fundamenta a ação tutorial da escola e, ao mesmo tempo, consideramos a tutoria como o elemento dinamizador básico que torna possível a concretização de nosso Projeto Educativo. Consideramos fundamental:

- O respeito à diversidade (cultural, ideológica, política, de costumes, etc.).
- Atitudes e comportamos críticos, reflexivos e não-violentos.
- A igualdade de direitos e deveres sem qualquer discriminação.
- A cooperação e a participação, desenvolvendo o associacionismo e o trabalho em equipe.
- O interesse pelo saber, o esforço, a autonomia pessoal.
- A aplicação de uma pedagogia ativa e aberta à diversidade; uma educação personalizada.
- A integração da escola em seu ambiente, socioprodutivo, lingüístico, etc.

Queremos formar um tipo de pessoa adulta que seja capaz de:

- Trabalhar e relacionar-se de maneira flexível em prol de uma coesão entre grupos, estimuladora de relações positivas, respeitosas, em que se aceitem a individualidade e a diferença dos demais membros.
- Melhorar seu rendimento pessoal em um ambiente de cooperação, responsabilidade, solidariedade e tolerância.
- Encontrar alternativas para seu tempo de ócio, estar aberta a descobrir novas preferências, outras maneiras de ocupar seu tempo livre.
- Conhecer novos campos profissionais, abrir-se a novas perspectivas quanto à sua formação pessoal e vocacional.

A TUTORIA E O PCC: CONCRETIZAÇÃO NA PRÁTICA EDUCATIVA

Vinculando esses princípios gerais à nossa prática educativa e levando em conta que nossos alunos são pessoas em processo de formação, a partir de nosso Projeto Curricular de Centro (Escola) estamos trabalhando na criação de recursos que possibilitem uma aprendizagem o mais compreensiva e construtiva possível, tanto no que se refere aos conteúdos concretos das matérias como à formação entendida em termos gerais.

Buscamos estratégias que nos permitam alcançar esses objetivos a partir de todos os órgãos da escola, e o fazemos:

- Integrando conhecimentos, procedimentos e atitudes.
- Motivando, buscando fórmulas que possibilitem aos alunos encontrar sentido no que fazem.
- Estimulando a autonomia quanto a processos de análise, busca de informação, reflexão, discussão e atuação.

Estrutura funcional: o que é a tutoria para nós

A tutoria tem um significado complexo e envolve necessariamente âmbitos diversos; compreende o conjunto de ações diretas e indiretas que nos conduzem a um objetivo final comum: nossos alunos. Diferentes agrupamentos conformam a estrutura funcional sobre a qual tornar realidade a ação tutorial: alunos, pais, professores, coordenação da escola e setor de orientação.

Tutoria são todas aquelas ações realizadas *pelos alunos com o professor ou tutor* designado para uma série escolar.

Ao longo do ano letivo, o professor ou tutor e os alunos reúnem-se em diferentes ocasiões para realizar diferentes tipos de trabalho. Por um lado, são designadas à sala de aula algumas horas semanais fixas para tratar de temas que a afetam como grupo. Por outro lado, são previstas reuniões realizadas para o tratamento de questões que dizem respeito somente a uma parte do grupo e, quando necessário, entrevistas com uma única pessoa.

Tutoria são todas as ações realizadas em conjunto *pelo professor-tutor e os pais*.

Estão programadas assembléias no início do ano e trimestralmente. Estas podem ter caráter informativo (situação da sala de aula, resultados da avaliação, etc.) ou caráter formativo (maneiras de enfocar a orientação, temas pontuais do novo sistema educacional, etc.). À margem das assembléias, foi estabelecido um horário de entrevistas pessoais com a finalidade de manter uma colaboração mais estreita e direta com a família.

Tutoria são também as *reuniões* realizadas pela *equipe de tutores com o apoio do setor de orientação*.

São convocadas em três momentos diferentes: reuniões anuais nas quais se realiza formação em dinâmica e condução de grupos, definindo o plano anual de ação tutorial; trimestrais e mensais por níveis educacional, nas quais se tratam temas específicos que afetam um ou vários grupos, revisa-se o trabalho realizado conforme o plano estabelecido e redefine-se o que for necessário.

Tutoria são também todas aquelas *ações indiretas* que repercutem na formação dos alunos, como:

- O trabalho entre a coordenação pedagógica e a equipe de delegados que pretende formar na participação e dinamização de grupos e organizar atividades extraclasses.
- A escola de pais, comandada pelo APA, a direção e o departamento de orientação. Nesta abordam-se temas diretamente relacionados com o momento que estão vivendo, tanto na linha de formação (palestras realizadas por especialistas em temas concretos), como na de troca dinâmica de experiências e criação de recursos em face das questões que preocupam (oficinas e grupos de trabalho mais participativos).
- O trabalho por etapas realizado entre coordenação, setor de orientação, tutores e os demais professores. Realizam-se reuniões mensais nas quais se coordena tudo o que se refere ao processo de avaliação (preparação de sessões, estabelecimento de critérios comuns de avaliação de conteúdos, hábitos de trabalho e de promoção); o que se refere a atuações de tutoria derivadas da dinâmica da escola (jornadas de adaptação, normas de convivência, organização de uma semana cultural, etc.), e a implementação das adaptações curriculares.

Eixos temáticos comuns

Estabelecemos blocos temáticos comuns que servem de eixo e que são uma constante em todos os âmbitos nos quais trabalhamos, independentemente do nível educativo no qual se encontram nossos alunos. Eles foram classificados da seguinte maneira:

- *Nosso ambiente.* Analisam-se temas sociais do espaço em que vivemos.
- *Temas de escola.* Desenvolvem-se e implementam-se estratégias adequadas para poder enfrentar as diferentes situações acadêmicas.
- *Conhecimento, comunicação e relação.* Trabalham-se questões relacionadas com o crescimento e com o conhecimento pessoal dos demais, e estimulam-se relações afetivas positivas dentro do grupo.
- *Orientação.* Analisam-se as preferências e os interesses pessoais, facilita-se a informação sobre as possibilidades existentes para prosseguir a formação, assim como as estratégias necessárias para enfrentar o processo de busca de trabalho. Em suma, trata-se de desenvolver projetos formadores com os alunos, voltados tanto a estudos posteriores como à vida ativa.

Trata-se de manter a verticalidade e, ao mesmo tempo, adaptar-se às diferentes situações de cada grupo. Cabe destacar a inter-relação desses quatro eixos. Ações concretas, dinâmicas, que estão enquadradas principalmente em um desses blocos, envolvem também questões dos outros. É difícil trabalhar aspectos de rendimento acadêmico sem incidir no crescimento pessoal dos alunos, sem falar de responsabilidade, de constância, de valores, etc.

A realidade: situação, necessidades e tarefas

Com a finalidade de estabelecer os objetivos e delimitar as atuações tutoriais de maneira efetiva, analisamos a realidade de nossos alunos, explicitando, por séries, as diferentes situações nas quais se encontram e, por conseguinte, as necessidades que é preciso satisfazer.

A partir dessa análise, concretizamos os seguintes *objetivos* e *tarefas tutoriais*:

1. Conhecer a evolução do rendimento dos alunos, para poder fazer um acompanhamento e orientá-los.
2. Manter um contato periódico grupal e individual para rever como vão as mudanças pessoais no grupo (relações afetivas, papéis assumidos, dependência, independência, atuações responsáveis, motivações, etc.).
3. Informar e dinamizar os canais de participação dos alunos na escola.
4. Preparar atividades de convivência fora do âmbito escolar nas quais a maior parte do grupo participe (acampamentos ou passeios).
5. Realizar atividades nas quais se analisem situações relacionadas com a faixa etária dos alunos.
6. Proporcionar a informação necessária sobre os estudos que estão fazendo, assim como das alternativas futuras.
7. Manter contato com as famílias, facilitando um horário de possíveis entrevistas com pais.
8. Preparar e conduzir as assembléias de pais.
9. Preparar as sessões de avaliação com os alunos e comandar a direção dessas.
10. Fazer o acompanhamento da assistência aos alunos (com a informação fornecida pelos professores) e aplicar as normas de funcionamento da escola.
11. Realizar tarefas burocráticas (atas, pagamentos, recibos, boletins, etc.).
12. Intervir como mediadores em conflitos entre aluno e professor e, em determinados casos, entre alunos.

CONCRETIZAMOS O PLANO DE AÇÃO TUTORIAL

Entendemos o plano de ação tutorial como a estratégia de trabalho na qual se concretizam as diferentes ações de todos os que fazemos parte da equipe de tutores e do setor de orientação.

Antes de começar o ano letivo, prepara-se um seminário de dois dias de duração a fim de que se coloquem desconhecimentos e dúvidas a respeito do trabalho tutorial que queremos desenvolver, assim também como elaborar a programação inicial da tutoria, para facilitar a definição do calendário particular de cada grupo.
O material documental básico para realizar esse trabalho é o seguinte:

- Valores e princípios de nossa escola.
- Eixos temáticos, marco.
- Tarefas tutoriais.
- Situação.
- Necessidades dos alunos.

Com toda essa informação, por equipes tutoriais de etapas, explicita-se o que pretendemos: que os alunos trabalhem efetivamente; a partir desse ponto, concretizamos e distribuímos no tempo objetivos, atuações e tipologia de atividades.

No setor de orientação há um item com materiais de consulta para que o tutor possa escolher e preparar a dinâmica que seja mais adequada ao seu grupo. Posteriormente, nas reuniões mensais e trimestrais, o trabalho que se realizou será revisado, e, como decorrência delas, surgirão modificações e novas propostas de melhora tendo em vista o ano seguinte.

Estamos convencidas de que a aprendizagem melhora quando o grupo está coeso, os alunos se conhecem, existe um clima afetivo positivo e há uma boa relação interpessoal.

Por essas razões, julgamos conveniente que o tutor busque, pesquise, experimente e programe as atividades que, em função da situação concreta e das condições que ocorrem em seu grupo, facilitem a consecução dos objetivos aos quais nos propomos.

Mediante a tutoria, a sala de aula estrutura-se e cresce como tal, organiza suas funções em relação à atividade escolar e define suas necessidades como grupo. Tudo isso permite que cada membro estabeleça seu próprio sistema de relações e amadureça seu processo pessoal de socialização.

EXEMPLIFICAÇÃO

Exemplo de planejamento da Tutoria de 3ª série do ensino médio

- Análise da situação, necessidades e proposição de atividades possíveis (Quadro 11.3).
- Escolha de um objetivo: planejamento da estratégia, definição de atividades possíveis e distribuição no tempo (Quadro 11.4).
- Criação do calendário de trabalho (Quadro 11.5).
- Concretização e preparação das atividades.

Quadro 11.3

Situação	Necessidades	Proposta de Possíveis Atividades
1. A Escola é totalmente nova para eles, com inúmeras mudanças: na distribuição do espaço, sala de aula, matéria, tempo, horário intensivo e funcionamento.	1. Situar-se diante de todas essas novidades: • Conhecer o espaço, adaptar-se, sentir-se seguro, dominá-lo. • Conhecer os canais de participação e as normas de funcionamento.	• Jornadas de acolhimento. • Situação aula/matéria. • Normas de funcionamento.
2. Novos colegas (com diferentes níveis de maturação em um mesmo grupo).	2. Formar-se e integrar-se como grupo, encontrar um marco de referência claro e conseguir adaptar-se às diferentes formas de relação, interesses, etc.	• Dinâmicas de coesão de grupo, integração, comunicação, participação. • Saídas de convivência. • Escolha de delegados e representantes de matérias.
3. Insegurança em face dos estudos do ensino médio: • Mudança na maneira de estudar, não utilizam livro-texto; professores especializados nas diferentes matérias.	3. Informação e acompanhamento dos procedimentos de trabalho, a organização deste, os objetivos das diferentes matérias, critérios e instrumentos de avaliação, etc. • Relação vivencial com o tutor que reforce a motivação, a segurança e encontrar sentido para o que estão fazendo. • Adaptações curriculares.	• Hábito e organização de trabalho. • Instrumentos e critérios de avaliação. • Entrevistas individuais nas quais se preparam planos individuais de melhoria e se realiza o acompanhamento do trabalho. • Preparação e revisão das avaliações.
4. Momento de amadurecimento, de instabilidade e mudança; de criação de uma estrutura de valores pessoais própria.	4. Criar uma imagem própria e uma progressiva incorporação de valores.	• Dinâmicas de grupo: análise de valores, autoconhecimento, atitudes. • Análise do ambiente próximo.

Quadro 11.4

OBJETIVO: Conhecer a evolução do rendimento dos alunos para poder fazer o acompanhamento e orientá-los.

ESTRATÉGIA:
1. Coletar informação de alunos.
2. Manter contato com a família para atuar de maneira coordenada.
3. Oferecer recursos sobre as maneiras de estudar.

1. **Coleta de informação de alunos.**
   - Atuações:
     - Elaboração da ficha inicial de tutoria.
     - Entrevistas individuais com o aluno e a família.
     - Preparação e revisão da sessão de avaliação.
     - Coleta de informação de alunos repetentes.
   - Atividades da sala de aula:
     - Questionário inicial e hábitos de estudo.
     - Preparação revisão de matérias e avaliação.
     - Revisão na sala de aula dos resultados da 1ª avaliação.
   - Distribuição no tempo: 1º trimestre.

2. **Manter contato com a família para atuar de maneira coordenada.**
   - Atuações
     - Entrevistas periódicas.
     - Assembléias trimestrais.
     - Folha-diagnóstico do hábito de trabalho de casa.
   - Atividades da sala de aula:
     - Planejamento conjunto com os alunos da tutoria das práticas em centros de trabalho: demandas, interesses, processos, mecanismos de adaptação, avaliação, etc.
   - Distribuição no tempo: ao longo dos três trimestres.

3. **Oferecer recursos sobre as maneiras de estudar**
   - Atuações:
     - Informação sobre a metodologia característica do ensino médio.
     - Revisão da forma como organizam seu trabalho acadêmico.
   - Atividades da sala de aula:
     - Dinâmicas para uma correta utilização dos instrumentos de trabalho e estudo (Ex.: sobre o caderno didático, a agenda escolar...).
     - Definição de planos pessoais de melhoria.
   - Distribuição no tempo: 1º trimestre e revisões específicas.

Quadro 11.5 Calendário de trabalho.
(Exemplo de um mês: Outubro – 1º trimestre)

OUTUBRO	1ª semana	2ª semana	3ª semana	4ª semana
Tutoria	Atividade de coesão; formação de grupos	Atividade de conhecimento e comunicação	Assembléia: preparação de passeio	Passeio
Estudo Assistido	Metodologia de trabalho	Atividade para trabalhar a escuta	Organização do trabalho	Passeio
Reunião	Equipe de tutoria	Elaboração PCC	Etapa	Passeio
Preparação	Sessão de tutoria	Sessão de tutoria	Sessão de tutoria	Sessão de tutoria
Atenção	Entrevistas	Preparação de assembléia de pais	Assembléia de pais	Passeio
Atenção	Entrevistas	Entrevistas	Assembléia de pais	Passeio
Atenção	Entrevistas	Entrevistas	Assembléia de pais	Passeio

12

Projeto Experimental de Tutoria Personalizada: uma Resposta à Avaliação das Tutorias no Ensino Médio

Coral Báez, Fernando Díaz Díaz, Julia Ferrero, Margarita Gutiérrez Navarro,
Teresa López de la Rica, Ignacio Martínez Perdiguero,
Andrés Negro Moncayo, Auxilio Vicente

Nosso programa experimental de tutorias personalizadas, iniciado no período 1996-1997 no IES Grande Covián de Arganda del Rey (Madri), inclui-se na convocatória dos Planos de Melhoria iniciada pelo MEC nesse período e, por isso, o acompanhamento foi realizado pelo serviço de inspeção. Consiste em um novo enfoque da tutoria, distinto do que é realizado tradicionalmente em nossa comunidade. O formato experimental de tutoria personalizada baseia-se no tradicional sistema anglo-saxão de um tutor individual por aluno, embora se pretenda extrair as vantagens deste sem abandonar o habitual procedimento de tutorias de grupo e os benefícios que ele traz.

É importante destacar que é algo que surge de iniciativas individuais e que responde ao resultado da avaliação da escola; concretamente, do processo de avaliação do plano de ação tutorial e do programa de apoio ao processo de ensino-aprendizagem.

Artigo publicado em *Aula de Innovación Educativa*, n. 69, p. 56-59, febrero 1998.

Com esse programa, sintetiza-se o interesse por obter uma melhoria na qualidade do ensino: a atenção individualizada aos alunos considerando suas características individuais em diferentes âmbitos.

Levando em conta a organização da escola, incluiu-se o projeto na programação geral anual, e propôs-se um objetivo específico de progresso em relação à melhoria da qualidade da escola:

> Desenvolver um projeto experimental de tutorias que será realizado por vários professores. O formato baseia-se na tutoria personalizada que realiza o acompanhamento de determinados alunos durante todo o período de sua escolarização na escola. Para isso, conta-se com a colaboração dos tutores de grupo, e os professores envolvidos devem ter uma relação mais ou menos direta com os alunos escolhidos. Pretende-se analisar a problemática dos estudantes durante essa etapa educativa e a importância de uma orientação individualizada baseada no conhecimento em profundidade de suas necessidades e interesses.

DESCRIÇÃO GERAL DO PROJETO

O projeto consiste no acompanhamento pessoal e pormenorizado de cinco a oito alunos para um tutor pessoal que, pelo menos em uma série, lhes dê ou lhes tenha dado aula. O trabalho tutorial com esses alunos prosseguirá durante toda sua etapa educacional na escola. O total de alunos é de 68.

Em geral, o projeto atenderia a estrutura constante no Quadro 12.1.

Os objetivos do projeto são os seguintes:

- Chegar ao conhecimento em profundidade do aluno e de seu ambiente.
- Personalizar a tutoria.
- Garantir o acompanhamento ao longo de toda a escolaridade do aluno na escola.
- Transcender aspectos acadêmicos para, através do conhecimento de suas características pessoais (contexto social, equilíbrio pessoal e ambiente familiar), incidir em seus rendimentos.
- Ajudar no amadurecimento do aluno.
- Melhorar o rendimento acadêmico do aluno.
- Orientar e ajudar o aluno na escolha de opções e trajetórias de acordo com suas qualidades e interesses.

Quadro 12.1

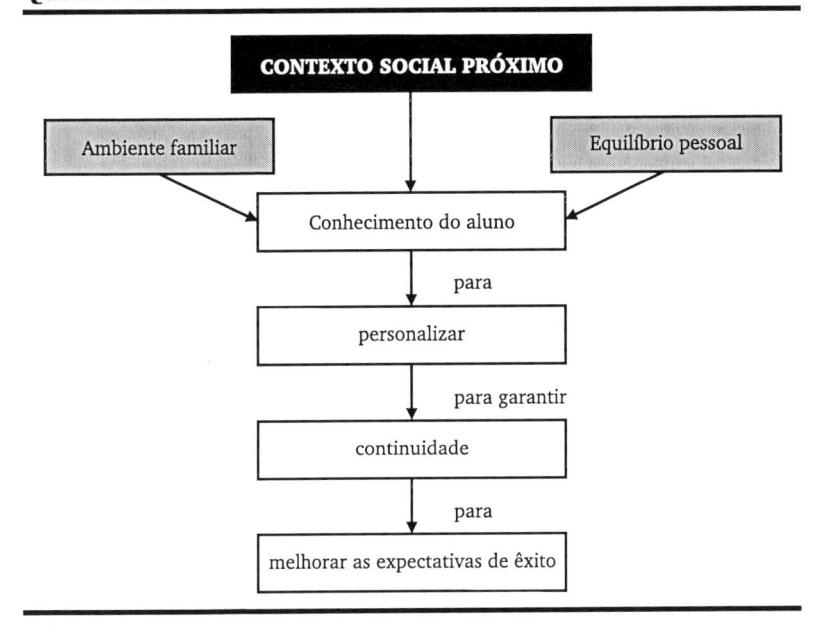

```
         CONTEXTO SOCIAL PRÓXIMO
                    ↓
Ambiente familiar →  Conhecimento do aluno  ← Equilíbrio pessoal
                    ↓
                   para
              personalizar
                    ↓
              para garantir
              continuidade
                    ↓
                   para
         melhorar as expectativas de êxito
```

Aspectos organizacionais

Em primeiro lugar, considerou-se fundamental analisar e esclarecer a relação entre as funções dos tutores de grupo e dos tutores pessoais para evitar superposições. A configuração final é apresentada no Quadro 12.2.

Quadro 12.2

Tutores do Grupo	Tutores Pessoais
Controle dos resultados acadêmicos.	Destacar aspectos relevantes, analisá-los e estruturá-los.
Controle de faltas de assistência e passar a informação sobre elas.	Assinalar freqüência, tipo e motivo.
Transmitir informação sobre as faltas de disciplina.	Controle pormenorizado, registro e busca de soluções.
Informar sobre a relação do aluno com o grupo e com os professores.	Acompanhamento e estudo em todo o contexto do aluno.
Relação com a família apenas em aspectos formais e na apresentação.	Contato permanente e direto.

Os professores que realizam a experiência contam com uma hora complementar em seu horário para atenção aos alunos, embora tal atenção se realize de forma flexível, utilizando recreios, espaços entre aulas, períodos ao final e início da jornada sem atividades letivas, algumas tardes. Realiza-se pelo menos uma reunião de acompanhamento uma vez por mês agrupando todos os professores relacionados. É uma condição indispensável para que o projeto seja aceito pelos alunos e pelas famílias envolvidas.

Procedimento de intervenção

Os tutores pessoais canalizam qualquer tipo de informação através dos tutores do grupo de referência dos alunos selecionados.

Para o tratamento e a coleta de dados, começa-se com as fichas de tutoria recolhidas pelos tutores do grupo.

Para a intervenção, utiliza-se como instrumento a entrevista orientadora baseada nos anexos do livro *Orientación y tutoría en la educación secundaria* (R. García e col., 1996). Parte-se da existência de fatores que influem na aprendizagem e que são controláveis a partir do contexto escolar, tais como: estilo e estratégias de aprendizagem, competência instrumental, conhecimentos prévios, motivação para aprender, autoconceito, grupo/sala de aula, equilíbrio pessoal, contexto escolar, ambiente familiar e contexto social próximo. O tutor pessoal interviria nos elementos não acessíveis a partir da tutoria tradicional. Todas as intervenções refletem nos instrumentos de acompanhamento citados anteriormente.

Avaliação do projeto

A avaliação foi enfocada de um duplo ponto de vista: em primeiro lugar, julgamos necessário realizar um plano experimental clássico para dar uma validade científica ao projeto (hipóteses, conseqüências, comprovação) e, em segundo lugar, julgamos necessário fazer uma avaliação qualitativa que nos pode proporcionar informações importantes a respeito da modificação e do ajuste do processo de intervenção e ao próprio plano de melhoria.

Para realizar a avaliação, estabelecemos um plano experimental no qual se isolam variáveis que podem ser controladas antes e depois da aplicação do programa, comprovando se houve modificações. Procedeu-se da mesma forma no grupo de controle para verificar se as mudanças decorrem do programa ou são fruto do acaso. Visto que o que buscamos é a melhoria no rendimento acadêmico e no processo de amadurecimento, tais variáveis devem ser de dois tipos: de personalidade e acadêmicas (que se objetivam mediante as qualificações).

Para medir as variáveis de personalidade, foram aplicadas duas provas padronizadas: o HSQP, que mede múltiplos fatores de personalidade que são úteis tanto para a verificação da eficácia do programa como de elementos de intervenção dos tutores pessoais e, em segundo lugar, o questionário AFA de autoconceito, que o apresenta em quatro âmbitos distintos (acadêmico, familiar, ambiente social e pessoal); tudo isso é recolhido na ficha do tutor pessoal (Quadro 12.3). Para a coleta dos resultados acadêmicos, tomamos como referente o curso anterior. As hipóteses que formulamos foram as seguintes:

1. Existem diferenças no rendimento acadêmico em função do tratamento realizado na ação tutorial mediante:
   - A tutoria convencional.
   - A tutoria personalizada.

   As diferenças são favoráveis à segunda técnica.
2. O amadurecimento pessoal do aluno é favorecido quando ele foi objeto de uma tutoria personalizada, tornando mais real o autoconceito dele próprio, ajustando variáveis de personalidade. As variáveis utilizadas foram:
   - Independentes: técnica utilizada em tutoria (personalizada e convencional).
   - Dependentes: rendimento acadêmico, amadurecimento pessoal (personalidade) e autoconceito.

Recolhidas essas variáveis, tanto nos alunos que são objeto do programa como no grupo de controle, passamos ao desenvolvimento das intervenções planejadas com os alunos e as famílias selecionadas e, ao final do curso, procedeu-se a um novo teste para poder aplicar as estatísticas necessárias e comprovar se são obtidos dados significativos ou não.

Quadro 12.3 Tutoria personalizada. Departamento de orientação

FICHA DE ACOMPANHAMENTO
ALUNO/ALUNA:

1. *a*. Estrutura fundamental da personalidade. Tendências gerais

Pontuações baixas (1-3)

❑ *Ansiedade baixa*. Visão gratificante da vida, já que sente que consegue realizar o que julga importante. Em alguns casos, abandono diante das tarefas difíceis.

❑ *Introversão*. Reservado, auto-suficiente e inibido nos contatos pessoais.

❑ *Calma*. Sensibilidade fraca, impressionável, acomodado e submisso, sóbrio e prudente, sentimental, pouco expressivo e socialmente escrupuloso.

❑ *Dependência*. Costuma ser passivo e deixa-se levar pelo grupo.
Necessita de apoio dos outros e orienta sua conduta para as pessoas que lhe dão esse apoio.

Pontuações altas

❑ *Ansiedade alta*. Podem apresentar algum desajuste, como insatisfação com sua possibilidade de resposta diante dos desafios ou com seus êxitos no que deseja. Em alguns casos, desorganização da ação.

❑ *Extroversão*. Socialmente desenvolvido. Não é necessariamente um bom indicador do rendimento escolar.

❑ *Excitabilidade/dureza*. Sensibilidade dura e hiperativo, agressivo e obstinado, entusiasta, calculista e perspicaz. Em grupo, pode despreocupar-se com as normas e seguir suas próprias necessidades.

❑ *Independência*. Tendência a ser agressivo, independente, atrevido, empreendedor e mordaz. Tem iniciativa.

1. *b*. Manifestações dessas tendências

Pontuações baixas

❑ *Reservado*. Distante, crítico, frio.

❑ *Emocionalmente afetado*. Afetam-no os sentimentos, pouco estável emocionalmente, perturbável.
❑ *Indolente*. Pouco expressivo, cauteloso, pouco ativo, um pouco insosso.
❑ *Submisso*. Obediente, dócil, acomodado.

❑ *Sóbrio*. Prudente, sério, taciturno, se autodesaprova.
❑ *Despreocupado*. Desatento com as normas. Atua por conveniência própria.
❑ *Retraído*. Tímido e sensível à ameaça.

❑ *Sensibilidade dura*. Recusa às ilusões, pouca simpatia pelas necessidades dos outros.
❑ *Seguro*. Gosto pela atividade em grupo, ativo, vigoroso.
❑ *Sereno*. Pacífico, confiável, seguro de si mesmo.

❑ *Sociável*. Bom companheiro e de fácil união ao grupo.
❑ *Pouco integrado*. Descuidado, autoconflitivo, segue suas próprias necessidades.

❑ *Descontraído*. Tranqüilo, ponderado, sossegado, não-frustrado.

Pontuações altas

❑ *Aberto*. Afetuoso, calmo, participativo, sociável.
❑ *Emocionalmente estável*. Tranqüilo, maduro, enfrenta a realidade.

❑ *Excitável*. Impaciente, exigente, hiperativo, não-inibido.
❑ *Dominante*. Dogmático, agressivo, obstinado.

❑ *Entusiasta*. Incauto, confiante na sorte.
❑ *Consciente*. Perseverante, moralista, sensato, sujeito às normas.
❑ *Empreendedor*. Socialmente atrevido, não-inibido, insensível.
❑ *Sensibilidade fraca*. Impressionável, dependente, superprotegido, evita ameaça física.
❑ *Inseguro*. Irresoluto, reservado, individualista, precavido, reprimido interiormente.
❑ *Apreensivo*. Com sensação de culpabilidade, inseguro, preocupado, perturbável com reprovações.
❑ *Auto-suficiente*. Prefere suas próprias decisões, cheio de recursos.
❑ *Muito integrado*. Socialmente escrupuloso, tem autodisciplina, compulsivo, controle de sua imagem.
❑ *Tenso*. Frustrado, pressionado, superexcitado, inquieto.

(Continua)

(Continuação)

2. Autoconceito

| Escolar | Familiar | Social | Emocional | Geral |

Notas: Os códigos que se utilizam são: MA (muito alto), A (alto), M (médio), B (baixo), MB (muito baixo). Nesse aspecto, devem-se considerar duas coisas: em primeiro lugar, se a visão que tem de si mesmo ajusta-se à realidade ou não e, em segundo lugar, se a avaliação que faz de si mesmo é positiva ou negativa.

3. Resultados acadêmicos

Série anterior	Série atual

Para realizar a avaliação qualitativa do processo, recorremos a questionários gerais de formato específico sobre o funcionamento do programa aplicados a todos os envolvidos, observações externas, etc., de tal maneira que, mediante o cruzamento das informações obtidas a partir de diferentes pontos de vista (triangulação das informações), obteremos informações para o desenvolvimento do projeto e para sua implementação que não podem ser obtidas mediante o procedimento anterior.

RESULTADOS DA EXPERIÊNCIA E CONCLUSÕES

No momento atual, o projeto continua em funcionamento e foram incorporados novos professores, o que é um indicador de sua aceitação geral.

A avaliação, tanto qualitativa como quantitativa, não está concluída, já que, no momento atual, estamos realizando trabalhos com o departamento de cálculo da Universidade Complutense de Madri, e falta obter algumas estatísticas importantes para podermos interpretar a totalidade dos resultados. Apesar disso, podemos avançar em uma série de conclusões.

Quanto à *avaliação do formato experimental clássico*, pensamos que não teremos diferenças significativas em todos os aspectos medidos, embora se devam esperar resultados positivos ao menos no autoconceito.

Há um dado que é necessário destacar: dentro do grupo experimental tivemos 12 alunos incluídos em um grupo de diversificação. Esses alunos têm uma série de adaptações do currículo que facilitam a intervenção nos elementos que incidem na aprendizagem e, além disso, contam com uma hora extra de tutoria que os demais alunos não têm. Com eles, foi feita uma intervenção mais intensa e foram utilizadas técnicas diferentes do restante do grupo experimental. Neles observaram-se modificações significativas em fatores de personalidade e em rendimento acadêmico, o que nos leva à necessidade de analisar as técnicas concretas utilizadas nas intervenções com os demais alunos. Para validar essa hipótese, no final do ano atual o procedimento pós-teste voltará a ser aplicado, assim como os procedimentos estatísticos pertinentes.

Quanto à *avaliação qualitativa*, foi realizada com base nos dados obtidos nas pesquisas (a título de exemplo, inclui-se no Quadro 12.4 a pesquisa realizada entre os pais dos estudantes envolvidos).

Podemos afirmar que o grau de satisfação dos alunos, das famílias e dos professores é alto e que se conseguiu modificar condições no ambiente que cerca os alunos (tipo de relação família-filhos, condições mais favoráveis para a aprendizagem no ambiente familiar, entre outras).

Para o ano atual, o programa vai continuar e, após os resultados das avaliações que estão sendo realizadas, serão modificados os seguintes elementos:

- Reduzir a cinco o número máximo de alunos por tutor pessoal, já que, pela complexidade do trabalho e as limitações horárias, não é possível abarcar um número maior.
- Incrementar a relação com as famílias, já que é um dos aspectos menos trabalhados e podem-se obter bons resultados nesse âmbito.
- Incrementar a comunicação com os tutores do grupo de referência.
- Será mantido o modelo de intervenção, mas consideramos imprescindível a formação prévia dos tutores pessoais. Com a formação inicial dos professores do ensino médio não se pode desempenhar a função tutorial tal como pretende este plano.
- Valorizamos muito positivamente a utilização dos dois modelos de avaliação de forma conjunta porque permite realizar uma análise completa de todo o processo.

Quadro 12.4 Plano de melhoria do período 1996-1997.
Projeto de tutoria personalizada

Questionário de avaliação final. Pais. Agradecemos sua colaboração.

Esta pesquisa é anônima (só deve ser respondida uma por família). Marque a opção que mais se ajusta às suas opiniões.

1. Sabe em que consiste o plano de tutoria personalizada?
   - ❏ Sim
   - ❏ Não
2. Considera que o funcionamento do projeto foi para seu filho(a).
   - ❏ Positivo
   - ❏ Negativo
   - ❏ Não influiu em nada
3. O(a) tutor(a) pessoal de seu filho(a) ajudou-o em suas decisões escolares?
   - ❏ Sim
   - ❏ Não
   Apenas em alguns casos? Quais?
4. A relação que o(a) tutor(a) pessoal manteve com a família lhe parece
   - ❏ Adequada
   - ❏ Insuficiente
   - ❏ Exagerada
5. Gostaria que seu filho(a) continuasse fazendo parte, se possível, do plano de tutoria personalizada?
   - ❏ Sim
   - ❏ Não
   Com modificações. Quais?
6. Desejaria que seu(sua) filho(a) continuasse com o mesmo(a) tutor(a) pessoal no próximo ano?
   - ❏ Sim
   - ❏ Não
   - ❏ Indiferente
7. Em que ordem de importância considera que foram atendidos os aspectos seguintes pelo(a) tutor pessoal de seu(sua) filho(a).
   Nos estudos (notas) / Temas relacionados com sua personalidade ou questões pessoais / Orientação para estudos.
8. O fato de ter um(a) tutor(a) pessoal condicionou a relação com o(a) tutor(a) de grupo de seu(sua) filho(a).
   - ❏ Impossibilitando-o(a)
   - ❏ Favorecendo-o(a)
   - ❏ Não influiu
9. Considera que o número de conversas ou entrevistas com o(a) tutor(a) pessoal de seu(sua) filho(a) foi
   - ❏ Suficiente/adequado
   - ❏ Pouco
   - ❏ Nenhum
   - ❏ Exagerado
10. Comente todas as suas opiniões, críticas e sugestões a respeito.

- Depois da experiência deste ano, consideramos absolutamente necessária uma hora de tutoria a mais, tal como existe em outras comunidades autônomas.

REFERÊNCIAS BIBLIOGRÁFICAS

ALONSO TAPIA, J. (1990): *Motivación y aprendizaje escolar.* Madrid. Alianza Psicología.

BRUNET, J. J.; NEGRO, J. L. (1982): *Tutoría con adolescentes.* Madrid. S. Pío X, 1991.

GARCÍA, R., e cols. (1996): *Orientación y tutoría en la educación secundaria.* Zaragoza. Edelvives, Aula reforma.

DE MIGUEL, M.; MADRID, V. (1994): *Evaluación para la calidad de los institutos de educación secundaria.* Madrid. Escuela Española.

LÓPEZ, F. (1994): *Gestión de calidad en educación.* Madrid. La Muralla.

MARCHAGO, J. (1991): *El profesor y el autoconcepto de sus alumnos. Teoría y práctica.* Madrid. Escuela Española.

MEC (1994): *Centros educativos y calidad de la enseñanza.* Síntesis del debate. Madrid.

MUÑOZ-REPISO, M. (1996): "La calidad como meta", em *Cuadernos de Pedagogía,* n. 246, p. 52-57.

MURILLO, F.J. (1996): "¿Son eficaces nuestras escuelas?", em *Cuadernos de Pedagogía.* n. 246. p. 66- 77.

13

Tutoria, Clima e Condutas Aceitáveis na Escola: Como Abordar Isso?

M. Luz Lorenzo

A presente experiência pretende ser uma tentativa de mostrar como a sessão de tutoria é um espaço ideal para abordar o clima da sala de aula, a análise de situações que se apresentam nela, a elaboração de normas que respondam a necessidades, direitos e deveres dos alunos; e também como a tutoria constitui um âmbito ideal para preparar e pactuar o modo de participação na vida escolar.

Congrega-se o modo trabalhado até a consecução desses objetivos em uma 1ª série do ensino médio e durante o período escolar 1997-1998.

COMO ENFOCAMOS OS ASPECTOS FORMAIS

Os aspectos formais foram enfocados em setembro, com o início do curso e, como é lógico, foi feita uma apresentação à sala de aula de aspectos da escola que os alunos precisavam conhecer.

A apresentação foi muito geral, pois exigiu a preparação pela equipe e, por essa razão, como tutora, optei por apresentar aspectos e espaços de uso imediato, como banheiros e outros, deixando para mais adiante o conhecimento da localização de outros, como bibliotecas e salas de vídeo, que iriam utilizando.

Artigo publicado em *Aula de Innovación Educativa*, n. 75, p. 68-71, octubre 1998.

De imediato, os alunos revelaram suas primeiras impressões sobre a vida da escola, assinalando alguns usos que lhes chamavam a atenção. A título de exemplo, opinavam que se fumava muito, que alguns urinavam nos pátios, que o papel higiênico era usado para jogar, que os tratavam como bebês de berçário e que eles não gostavam, etc.

O enfoque era difícil, pois implicava pedir à escola que refletisse sobre isso, o que, partindo da posição sala de aula-tutora, não é fácil, para não dizer impossível, além das defesas-resistências que apareceram em algum foro.

Antes de iniciar a intervenção propriamente dita, tive de tratar aspectos que a dinâmica da escola requeria. Assim:

1. Passaram-se os questionários para analisar a situação inicial que a equipe de coordenação havia preparado e que resultariam em algumas entrevistas pessoais tutora-aluno, assim como em outras posteriores de revisão do que foi estabelecido.
2. Com relação às normas da escola, estas não foram lidas na sala de aula, mas sim na reunião com pais; sugeriu-se a eles que lessem em casa com seus filhos, pois é de conhecimento obrigatório.
3. O requisito seguinte supunha a escolha de líderes. Tal atividade ocupou parte do tempo de três sessões de tutoria.

   - Em primeiro lugar, recolheu-se muitas idéias sobre as qualidades que a a turma achava que seus representantes deveriam ter. Sobressaíram algumas, como ser responsável, honesto, paciente e disposto, formal, educado e corajoso. Ter disponibilidade, saber falar, ser bom companheiro. Não ser teimoso e ser justo. Ser capaz de dialogar com o grupo e de buscar acordos.
   - Na segunda sessão e em grupos de três, trabalhou-se sobre uma resolução de conflito escolar que era preciso resolver.
   - A escolha propriamente dita exigiu três votações. Uma para conhecer os mais votados; outra, entre estes e com diferentes pontuações, segundo a ordem das duas eleições possíveis, e uma terceira para desempatar. O líder tinha de fazer a ata.

Após enfocar essas três questões ou requisitos formais, pode-se dizer que entramos "em cheio" na intervenção propriamente dita.

EXPERIÊNCIA EM SI

Atividade 1: Auto-estima

Porque são atividades que contribuem para criar um bom clima da sala de aula, para criar um bom quadro ou marco para tratar outras questões e porque todos preferimos ser reconhecidos por aspectos positivos de nossa personalidade.

Essa foi uma atividade que levou tempo, pois é difícil para os alunos assinalar o positivo, já que, em nossa cultura, a crítica agressiva às vezes é mais freqüente.

Primeiro em duplas, depois em quartetos e posteriormente em três grupos de oito, foram dizendo duas qualidade positivas que cada um observava nos outros. Em três cartolinas, juntamente com sua respectiva foto, o aluno escrevia o que foi mencionado a seu respeito, ficando expostas na sala de aula. Também se colocou no quadro um cartaz de "Parabéns".

Atividade 2: Análise da dinâmica da sala de aula

A fim de levar à sessão de avaliação os aspectos que o grupo julgava necessário melhorar, também mediante muitas idéias, o líder e a líder recolheram as demandas e observações que surgiram. As condições que se pediram foram as seguintes:

- Todos estavam de acordo que para opinar era preciso esperar a sua vez de falar.
- Os assuntos pessoais seriam resolvidos por outra via.
- Falariam de questões gerais, sem dar nomes de professores e, se possível, tampouco de áreas, o que era preferido pelo líder.

Na análise da situação apareceu:
- Com relação às áreas:
  – Começar as aulas na hora.

- Em umas, preferiam usar livro e, em outras, solicitavam exames menos extensos.
- Revisar o conteúdo com o professor antes de fazer os exames.
- Realizar esquemas em mais áreas.
- Reduzir os trabalhos de casa.
- Sobre os livros de leitura, chuveiros do ginásio, etc,
• Com relação à sala de aula:
  - Mantê-la arrumada.
  - Fazer os exercícios.
  - Ter lixeira de reciclagem.
• Com relação aos alunos:
  - Ser pontuais.

A seguir, líderes e tutora prepararam a exposição dos aspectos que deviam ser melhorados. Essa experiência foi realizada, a título de teste, durante a primeira parte da sessão de avaliação com a equipe docente.

Durante a sessão, surgiu por parte dos professores a demanda de que deviam reduzir o tempo que empregavam nos traslados de sala de aula, assim como o comportamento nos corredores, pois opinava-se que falavam demais. Quanto aos outros aspectos, respondeu-se ora que eram razoáveis, ora argumentando que deviam ser mantidos.

Uma vez na sala de aula, os líderes repassaram o que foi tratado.

O grupo percebeu a necessidade de melhorar a conduta nos períodos de mudança de sala de aula, conforme o que assinalaram os professores, concordando que cada um, pessoalmente, controlaria tal aspecto na semana seguinte.

Individualmente, no horário escolar, se indicaria 1 ou 0 em função do êxito ou da ausência deste com relação ao objetivo pactuado.

Surgiu a pergunta de quantos pontos era preciso tirar. A resposta foi que cada um veria quanto melhorava e o esforço que lhe cabia pessoalmente. Não tinha de ganhar: tinha de melhorar, cada um desde seu ponto de partida, e responder-se pessoalmente. Assim, surgiu a primeira norma da sala de aula:

Entre uma aula e outra, reduzir o tempo para mudar de sala e fazer isso como pessoas adultas, falando com tranqüilidade, sem perturbar os outros.

Finalmente, na revisão semanal, todos valorizamos positivamente cada avanço, e surgiu a necessidade de que os professores deviam finalizar suas aulas na hora, para poderem ser pontuais na seguinte. A norma foi complementada com:

> As aulas devem terminar com pontualidade.

Atividade 3: Festas

Aproximava-se o Natal, e fizeram o pedido de enfeitar a sala de aula e fazer uma festa.

Mediante uma muitas idéias, concordou-se em: fazer um Olentzero (semelhante ao Papai Noel, mas de caráter eminentemente basco). Colocar uma árvore, e como não havia lugar para o presépio, substituiu-se por desenhos com motivos natalinos, que foram colocados na parede.

Cada um trouxe cem pesetas (moeda espanhola) para comprar os enfeites, e estabeleceram uma cota de no máximo cem pesetas para a troca de presentes na festa.

Cabe assinalar que um aluno, por motivos religiosos, não podia participar do arranjo dos enfeites. Em uma folha, redigiu os fundamentos de suas crenças e como vive sua família e por que não celebram o Natal, o que também foi acompanhado por desenhos.

Anteriormente à festa, deu sua explicação, e deve-se acrescentar o estado de satisfação que mostrou, assim como o interesse suscitado no grupo pelo conteúdo de sua exposição (em comparação com a visão católica, mais ou menos explícita, do resto do grupo).

Durante a troca de presentes, em círculo, o ambiente foi descontraído e agradável, mas surgiu uma situação que merece ser comentada.

Houve dois presentes cujo uso, pode-se dizer, estimula o que é um contravalor. Aos três alunos envolvidos, e fora do resto do grupo (interessado nos objetos recebidos), propôs-se que trocassem seu presente por outras cem pesetas, para que o substituíssem por outro. Embora em princípio tenham aceitado, na sala de aula disseram ao resto do grupo o porquê de terem deixado seus presentes, argumentando que gostavam deles, que tinham iguais em casa e que os queriam.

A resposta pactuada coletivamente foi que eles tinham aceito minha proposta, mas que, se não quisessem, diriam e se desfazia o acordo. Foi desfeito, e eles recolheram seus presentes e eu o dinheiro.

Também é preciso assinalar que, no último dia, baixaram o Olentzero na entrada da escola, fato com que pareciam sentir-se satisfeitos.

Atividade 4: Habilidades sociais e análise de novas situações de sala de aula

Em grupos de quatro ou cinco, e mediante a técnica de *role-playing*, fez-se uma espécie de enfoque introdutório ao uso de habilidades sociais, com o objetivo de analisar de que modo enfocariam tanto a professores como ao restante de colegas, alguns assuntos que lhes interessavam e que, nesse caso, versavam sobre a demanda de reduzir o trabalho de casa.

Fizeram uma encenação de forma agressiva, passiva e assertiva, ou com respeito, como dizíamos entre nós, do modo de dizer aos professores, e pensaram sobre as conseqüências que cada estilo implica.

Assinalaram que, para que tenham direito de exigir que os levem em conta, é melhor dizer as coisas com respeito. Se não tivessem êxito desse modo, deveriam buscar outros canais, nos quais talvez precisassem contar com a ajuda dos adultos, tutora, professores, pais. E foi assim que surgiu a segunda norma ou acordo de sala de aula:

> Reivindicaremos nossos direitos com bons modos e falaremos com respeito a quem está do nosso lado.

Na análise do que está funcionando e do que é preciso melhorar, aparecem indicadores como, por exemplo, que se respeita o horário, que as explicações e as relações entre colegas e com os professores são boas, que alguns exames deveriam ser mais curtos, que precisam ser feitos mais esquemas, que algum colega precisa melhorar sua pontualidade, etc.

É o momento em que se acrescenta o cartaz "Eu proponho".

Atividade 5: Debates com conteúdo. Educação para a saúde

Depois de esclarecer questões como a definição de droga, e informar-se sobre aspectos relativos ao que é nicotina, ônus de fumar, fumante passivo, mitos sobre o tabaco, etc., segundo o Programa de Prevenção de Dependência de Drogas para a ESO, patrocinado pelo Governo de Bilbao, realiza-se um debate em torno das vantagens e dos inconvenientes de fumar, o que já haviam feito em grupos de três.

Durante o debate em si, existem observadores do modo de intervir de cada um dos expositores.

Na análise, comenta-se sobre os requisitos desta técnica e sobre a importância de *ouvir*, carência que ficou evidente ao se inverterem os papéis e ao ter de defender a postura do que estava diante de si, partindo dos argumentos que ele defendia.

Atividade 6: Introdução à análise de pressão de grupo

Novamente, diante da dinâmica do *role-playing*, deve-se encenar uma situação na qual uma pessoa tem muita dificuldade em manter a decisão de parar de fumar.

Na análise dos porquês, indicam aspectos como o hábito-dependência, o medo de perder os amigos, etc. Diante de como acreditam que se sentirá a pessoa em questão nessa situação, assinalam a polaridade entre bem (pois mantém os amigos) e mal (pois fica dominada), e, além disso, assinalam que prejudica a saúde.

Comentam as conseqüências e apontam a dificuldade de manter as próprias decisões diante do ônus de ficar sem amigos.

Atividade 7: Fazemos jogos que denomino de amizade gratuita

Em círculo, cada um apresenta o colega ou a colega à sua direita, dizendo seu nome e uma ou várias qualidades positivas deste. Todas as exposições são do seguinte estilo: "Fulano é um bom amigo, já que nos momentos difíceis não te deixa 'na mão' e te ajuda"; nas próximas seções, acrescentariam estas à foto e às qualidades do cartaz inicial (atividade 1). Dinâmica do "balão mensageiro" (Hostie, 1974) com mensagens afetuosas.

A aula termina em um clima muito bom.

CONCLUSÃO

Neste momento, pode-se dizer que:

1. Espontaneamente estão aparecendo condutas pró-sociais entre todos e em geral, pois é fácil observar como solicitam favores, etc., o que contrasta com algumas brigas surgidas nos primeiros meses.
2. São capazes de estar tranqüilamente sozinhos se um professor ou uma professora falta, e sem fazer ruído que perturbe.
3. Aparecem propostas junto com os parabéns, como, por exemplo, que se faça o trabalho de casa, que não se chegue tarde, que na aula de tutoria se ponha música.
4. Algum professor, professora substituta neste caso, explicitou que é uma boa sala de aula e que são alunos muito aplicados.

Pergunto-me se será difícil concordarmos com uma terceira norma em consonância com a já existente na escola, e que compreenda a necessidade de respeitar os locais de fumantes e não-fumantes. Creio, sinceramente, que não será difícil, pois pode-se dizer que as crianças, cada vez mais, apresentam condutas melhor aceitas na escola.

REFERÊNCIAS BIBLIOGRÁFICAS

ARROYO, A.; CASTELO, A.; PUEYO, M. C. (1994): *El departamento de orientación: atención a la diversidad.* Madrid. MEC/Narcea.

BUXARRAIS, M. R. (1997): *La formación del profesorado en educación en valores.* Bilbao. Descleé de Brouwer.

BUXARRAIS, M. R.; MARTÍNEZ, M.; PUIG, J. M.; TRILLA, J. (1995): *La educación moral en primaria y en secundaria.* Madrid. MEC/Edelvives.

CUETO, C. (1997): "¿Ética de la adolescencia? Carta a un adulto (una reflexión errante)", em *Talia Fundazioa,* n. 1, p. 64-73.

HOSTIE, R. (1974): *Técnicas de dinámica de grupo.* Madrid. Publicaciones ICCE.

LORENZO, M. L. (1990): "La tutoría como foco generador básico de un buen clima", em *Actas del Simposio Internacional Helios: Problemas de conducta en el aula. Modelos y experiencias.* Oviedo. MEC. Dirección provincial de Asturias, p. 149-156.

LORENZO, M. L. (1998): "Educación en valores en la ESO: principios, estrategias y clima", em *Aula de Innovación Educativa,* n. 70, p. 51-55.

MICHELSON, L.; SUGAI, D. P.; WOOD, R. P.; KAZDIN, A. E. (1987): *Las habilidades sociales en la infancia. Evaluación y tratamiento.* Barcelona. Martínez Roca.

PUIG, J. M. (1993): *Toma de conciencia de las habilidades para el diálogo. Materiales para la educación ética y moral (educación secundaria).* Madrid. Didácticas CL & E.

Glossário

APA:	Asociación de Padres de Alumnos
BUP:	Bachillerato Unificado Polivalente
CAES:	Centro de Acción Educativa Singular
CC.AA.:	Comunidades Autónomas
CEIP:	Centro de Educación Infantil y Primaria
CEP:	Centro de Profesores
CI:	Comisión Impulsora
COU:	Curso de Orientación Univeristaria
CP:	Colegio Público
CPR:	Centro de Profesores y Recursos
CRA:	Centro Rural Agrupado
CRP:	Centro de Recursos Pedagógicos
DCB:	Disefio Curricular Base
EAP:	Equipo de Asesoramiento Psicopedagógico
EE.MM.:	Ensefianzas Medias
EGB:	Educación General Básica
EPA:	Educación Permanente de Adultos
ESO:	Educación Secundaria Obligatoria
FP:	Formación Profesional
ICE:	Instituto de Ciencias de la Educación
LGE:	Ley General de Educación
LODE:	Ley Orgánica del Derecho de Educación
LOGSE:	Ley Orgánica General del Sistema Educativo
MEC:	Ministerio de Educación y"Ciencia
NEE:	Necesidades Educativas Especiales
OCDE:	Organización de Cooperación y Desarrollo Económico
PAEP:	Proyecto de Acción Educativa Preferente
PAFPZ:	Plan de Actividades de Formación del Profesorado de la Zona
PC:	Proyecto Curricular
PCC:	Proyecto Curricular del Centro
PE:	Proyecto Educativo
PEC:	Proyecto Educativo del Centro
PFC:	Proyecto de Formación en Centros
PGA:	Programación General Anual
RRI:	Reglamento de Régimen Interior
ZER:	Zona Escolar Rural

METRÓPOLE
Indústria Gráfica Ltda.
Fone/Fax: (51) 3318-6355
e-mail: mig@mig.com.br
www.mig.com.br